MADEMOISELLE
DE
LA SEIGLIÈRE

PAR

JULES SANDEAU.

I

PARIS
MICHEL LÉVY FRÈRES, LIBRAIRES-ÉDITEURS
Des OEuvres d'Alexandre Dumas, Louis Reybaud, Jules Sandeau
Madame Charles Reybaud, et de la Bibliothèque dramatique.
RUE VIVIENNE, 1.

1847

MADEMOISELLE

DE

LA SEIGLIÈRE.

A la même Librairie.

LE FAUST DE GOETHE

TRADUCTION REVUE ET COMPLÈTE,

Précédée d'un Essai sur Goethe, par Henri Blaze.

Édition illustrée de 10 vign. par Tony Johannot, gravées sur acier par Langlois.
Un volume grand in-8. — Prix : 12 fr.
Publié en 40 livr. à 30 cent.

LES JÉSUITES

Depuis leur origine jusqu'à nos jours.

HISTOIRE, TYPES, MŒURS, MYSTÈRES,

PAR M. A. ARNOULD.

Illustrés de 20 gravures sur acier et de 100 gravures sur bois, d'après les dessins de MM. Tony Johannot, J. David, E. Giraud, Janet Lange, E. Lorsay, Hadamard, Frère et Dupuis.

2 vol. grand in-8. — Prix : 20 fr.; — publiés en 67 livr. à 30 cent.

LES BAGNES

HISTOIRE, TYPES, MŒURS, MYSTÈRES,

PAR M. MAURICE ALHOY.

Un volume grand in-8, orné de 105 gravures dont 35 tirées hors du texte, par MM. de Rudder, Bertal, Valentin, Jules Noël, etc.

Publié en 50 livr. à 30 cent., ou 15 fr. l'ouvrage complet.

LES COUVENTS

ORIGINE. — HISTOIRE, — RÈGLE, — DISCIPLINE, — MŒURS, — TYPES, — MYSTÈRES,

PAR MM. LOUIS LURINE ET ALPHONSE BROT,

Illustrés par MM. Tony Johannot, Baron, C. Nanteuil et Français.

Un volume grand in-8. — Prix : 10 fr.

ÉCRIVAINS ET POÈTES DE L'ALLEMAGNE

Par HENRI BLAZE, 1 vol. in-18, format anglais. — Prix : 3 fr. 50 c.

BLUETTES ET BOUTADES

Par J. PETIT-SENN, avec un Avant-Propos de M. LOUIS REYBAUD.
Un vol. in-18, format anglais. — Prix : 3 fr. 50 c.

PORTRAITS LITTÉRAIRES

Par GUSTAVE PLANCHE, 2 vol. in-8. — Prix : 6 fr.

Imprimerie de E. Dépée, à Sceaux (Seine).

MADEMOISELLE

DE

LA SEIGLIÈRE

PAR

JULES SANDEAU.

I

PARIS
MICHEL LÉVY FRÈRES, LIBRAIRES-ÉDITEURS
Des OEuvres d'Alexandre Dumas, Louis Reybaud, Jules Sandeau
Madame Charles Reybaud, et de la Bibliothèque dramatique.
RUE VIVIENNE, 1.

1847

1

S'il arrive jamais qu'en traversant Poitiers, un de ces mille petits accidents dont se compose la vie humaine vous oblige de séjourner tout un jour en cette ville, où je suppose que vous n'avez ni parents, ni amis, ni intérêts qui vous appellent, vous serez pris infailliblement, au bout d'une heure ou deux, de ce morne et profond ennui qui enveloppe la province comme une atmosphère, et qu'on respire particulièrement dans la capitale du Poitou. Je ne sais guère, dans tout le royaume, que Bourges où ce fluide invisible, mille fois plus funeste que le mistral ou le sirocco, soit si pénétrant, si subtil, et s'infiltre dans tout votre être d'une façon plus soudaine et plus imprévue. Encore, à Bourges, avez-vous, pour conjurer le fléau, le pèlerinage à l'une des plus belles cathédrales qu'aient élevées l'art et la foi catholiques; il y a là de quoi défrayer l'admiration durant une semaine et plus, sans parler de l'hôtel de Jacques Cœur, autre merveille, où vous pouvez, autre distraction, méditer à loisir sur l'ingratitude des rois. Enfin, le long de ces rues désertes où l'herbe croît entre les pavés, en face de ces grands hôtels tristement recueillis au fond de leur cour silencieuse, l'ennui revêt bientôt, à votre insu, un caractère de mélancolie qui n'est pas sans charme. Bourges a la poésie du cloître : Poitiers est un tombeau. Si donc, malgré les vœux sincères que j'adresse au ciel pour qu'il vous en garde, quelque génie malfaisant, quelque malencontreux hasard vous arrête en ces sombres murs, ce que vous aurez de mieux à faire, sera de vous hâter d'en sortir. La campagne est à deux pas ; les alentours, sans être pittoresques, ont de riants et frais aspects. Gagnez les bords du Clain. Le Clain est une petite rivière à laquelle la Vienne cède l'honneur d'arroser les prairies du chef-lieu de son département. Le Clain n'en est pour cela ni plus turbulent ni plus fier. Égal en son humeur, modeste en son allure, c'est un honnête ruisseau qui n'a pas l'air de se douter qu'il passe au pied d'une cour royale, d'un évêché et d'une préfecture. Si vous suivez le sentier, en remontant le cours de l'eau, après deux heures de marche, vous découvrirez un vallon dessiné par l'élargissement circulaire des deux collines entre lesquelles le Clain a fait son lit. Imaginez deux amphithéâtres de verdure, élevés en face l'un de l'autre et séparés par la rivière qui les réfléchit tous les deux. Un vieux pont aux arches tapissées de mousses et de capillaires est jeté entre les deux rives. En cet endroit, le Clain, s'élargissant avec les coteaux qui l'encaissent, forme un bassin de belles ondes unies comme un miroir, et qu'on prendrait en effet pour une glace d'une seule pièce, jusqu'au barrage où le cristal se brise et vole en poussière irisée. Cependant, à votre droite, fièrement assis sur le plateau de la colline, le château de La Seiglière, vrai bijou de la renaissance, regarde onduler à ses pieds les ombrages touffus de son parc, tandis qu'à votre gauche, sur la rive opposée, à demi caché par un massif de chênes, le petit castel de Vaubert semble observer d'un air humble et souffrant la superbe attitude de son opulent voisin. Ce coin de terre vous plaira, et si vous vous êtes laissé conter par avance le drame auquel cette vallée paisible a servi de théâtre, peut-être éprouverez-vous, en la visitant, quelque chose du charme mystérieux que nous éprouvons à visiter les lieux consacrés par l'histoire ; peut-être chercherez-vous sur ces épais gazons des traces effacées ; peut-être irez-vous à pas lents et rêveurs évoquant çà et là des ombres et des souvenirs.

Unique héritier d'un nom destiné à finir avec lui, le dernier marquis de La Seiglière vivait royalement dans ses terres, chassant, menant grand train, faisant du bien à ses paysans, sans préjudice de ses privilèges, quand tout d'un coup le sol tressaillit, et l'on entendit comme un grondement sourd pareil au bruit de la mer que va soulever la tempête. C'était le prélude du grand orage qui allait ébranler le monde. Le marquis de La Seiglière n'en fut point troublé et s'en émut à peine; il était de ces esprits étourdis et charmants qui n'ayant rien vu ni rien compris de ce qui se passait autour d'eux, se laissèrent surprendre par le flot révolutionnaire, comme des enfants par la marée montante. Soit qu'il courût le cerf dans ses bois de haute futaie, soit qu'assis mollement sur les coussins de sa voiture, près de sa jeune et belle épouse, il se sentît entraîné au galop de ses chevaux, à l'ombre de ses arbres, sur le sable de ses allées ; soit qu'il réunît à sa table somptueuse les gentilshommes ses voisins, soit que du haut de son balcon, il contemplât avec orgueil ses prés, ses champs de blé, ses forêts, ses fermes et ses troupeaux ; de quelque point de vue qu'il envisageât la question politique et sociale, l'ordre présent lui paraissait si parfaitement organisé, qu'il n'admettait pas qu'on pût s'occuper sérieusement de mettre rien de mieux à la place. Toutefois, moins par prudence que par ton, il fit partie de cette première émigration, qui ne fut, à vrai dire, qu'une promenade d'agrément, un voyage de mode et de fantaisie; il s'agissait de laisser passer le grain et de donner au ciel le temps de se remettre au beau. Mais au lieu de se dissiper, le grain menaça bientôt de devenir une horrible tourmente, et le ciel, loin de s'éclaircir, se chargea des nuages sanglants d'où s'échappaient déjà des éclairs et des coups de foudre. Le marquis commença d'entrevoir que les choses pourraient bien être plus sérieuses et durer plus longtemps qu'il ne l'avait d'abord imaginé. Il rentra précipitamment en France, recueillit à la hâte ce qu'il put réaliser de son immense fortune, et s'empressa d'aller rejoindre sa femme qui l'attendait sur les bords du Rhin. Ils se retirèrent dans une petite ville d'Allemagne, s'y installèrent modestement, et vécurent dans une médiocrité peu dorée : la marquise, pleine de grâce, de résignation et de beauté touchante ; le marquis, plein d'espoir et de confiance en l'avenir, jusqu'au jour où il apprit coup sur coup qu'une poignée de vauriens, sans pain ni chausses, n'avaient pas craint de battre les armées de la bonne cause, et qu'un de ses fermiers, nommé Jean Stamply, s'était permis d'acheter et possédait, en bonne et légitime propriété, le parc et le château de La Seiglière.

Depuis qu'il existait des Stamply et des La Seiglière, il y avait toujours eu des Stamply au service de ces derniers, si bien que la famille Stamply pouvait se vanter à bon droit de dater d'aussi loin que la famille de ses maîtres. C'était une de ces races de serviteurs dévoués et fidèles dont le type a disparu avec la grande propriété seigneuriale. De simples gardes-chasse qu'ils avaient d'abord été de père en fils, les Stamply étaient devenus fermiers, et peu à peu, à force de travail et d'économie, grâce aussi aux bontés du château qui ne leur fit point faute, ils avaient fini par se trouver à la tête d'un certain avoir. On ne savait pas au juste à quoi se montait leur fortune, mais on les disait plus riches qu'ils ne voulaient le laisser croire, et nul ne fut surpris dans le pays, lorsqu'après le décret de la Convention qui déclara propriétés nationales tous les biens territoriaux des émigrés, on vit le fermier Jean Stamply se faire adjuger aux enchères l'habitation de ses anciens maîtres. Cela fait, il continua de vivre dans sa ferme comme par le passé, actif, laborieux, se tenant à l'écart; rachetant sans bruit, à vil prix, morceau par morceau, les terres déjà vendues ou demeurées sous le séquestre; réunissant, rajustant chaque année quelques nouveaux débris de la propriété démembrée; enfin, quand la France se prit à respirer, et que le calme commença de renaître, par un beau matin de printemps, il mit sa femme et son fils dans la cariole d'osier qui lui servait habituellement de calèche, puis, s'étant assis sur le brancard, le fouet d'une main et les guides de l'autre, il alla prendre possession du château qui était comme la capitale de son petit royaume.

Cette prise de possession fut moins triomphante et moins joyeuse qu'on ne pourrait se plaire à le croire. En traversant ces vastes appartements auxquels l'abandon avait imprimé un caractère grave et solennel, sous ces plafonds, sur ces parquets, entre ces lambris encore tout imprégnés du souvenir des anciens hôtes, Madame Stamply, qui n'était, à tout prendre, qu'une bonne fermière, se sentit singulièrement troublée, et lorsqu'elle se trouva devant le portrait de la marquise, qu'elle reconnut aussitôt à son frais et gracieux sourire, la brave femme n'y tint plus. Stamply lui-même ne put se défendre d'une vive émotion qu'il ne chercha point à dissimuler.

— Tiens, Jean, dit la fermière en essuyant ses yeux, ne restons pas ici : nos cœurs y seraient mal à l'aise. J'ai déjà honte de notre fortune en songeant que Madame la marquise souffre peut-être de la misère ; j'ai beau me dire que cette fortune nous l'avons laborieusement gagnée, j'en éprouve comme des remords. Ne te semble-t-il pas que ces portraits nous observent d'un air irrité, et qu'ils vont prendre la parole? Allons-nous-en. Ce château n'a pas été bâti pour nous ; nous y dormirions d'un mauvais sommeil, et, crois-moi, c'est déjà trop pour nous de ne manquer de rien, tandis qu'il y a des La Seiglière dans la peine. Viens, retournons à notre ferme. C'est là que ton père est mort, c'est là qu'est né ton fils ; c'est là que nous avons vécu heureux. Continuons d'y vivre simplement ; les honnêtes gens nous en sauront gré, les envieux nous respecteront, et Dieu, en voyant que nous jouissons de nos richesses avec modestie, nous regardera sans colère et bénira nos champs et notre enfant.

Ainsi parla la fermière, car elle avait le cœur haut placé, et, quoique sans éducation première, était femme d'un sens droit et d'un jugement sain. Voyant que son mari l'écoutait d'un air pensif et paraissait près de céder, elle redoubla d'insistances ; mais Stamply triompha bientôt de l'émotion qu'il n'avait pu réprimer d'abord. Il avait reçu quelque instruction, s'était frotté aux idées nouvelles, et, bien qu'il gardât pour le marquis de La Seiglière moins encore que pour la marquise un reste de respect et même de reconnaissance, à mesure qu'il s'était enrichi, les instincts de la propriété l'avaient gagné peu à peu et avaient fini, dans les derniers temps, par l'envahir et par l'absorber. D'ailleurs il avait un enfant, et les enfants sont toujours un merveilleux prétexte pour encourager et pour légitimer dans les familles les excès de l'égoïsme et les abus de l'intérêt personnel.

— Tout cela est bel et bon, dit-il à son tour ; mais un château est fait pour qu'on l'habite, et j'imagine que nous n'avons pas acheté celui-ci pour y parquer nos bœufs et nos moutons. Si nos maîtres ont quitté le pays, ce n'est pas notre faute ; ce n'est pas nous qui avons mis leurs personnes hors la loi et leurs biens sous le séquestre. Ces biens, nous ne les avons pas dérobés ; nous ne les tenons que de notre travail et de la nation. Il n'y a plus de maîtres ; les titres sont abolis, tous les

Français sont égaux et libres, et je ne sais pas pourquoi les Stamply dormiraient ici moins bien que n'y dormaient les La Seiglière.

— Tais-toi, Stamply, tais-toi, s'écria la fermière ; respecte le malheur, n'outrage pas la famille qui de tout temps à nourri la tienne.

— Je n'outrage personne, reprit Stamply un peu confus ; je dis seulement que, lors même que nous continuerions de vivre à la ferme, cela ne changerait rien à la question ; je ne vois guère ici que les rats qui s'en trouveraient plus à l'aise. Nous ne sommes que des paysans, c'est vrai : notre éducation et notre position sont en désaccord, j'en conviens ; mais, si nous en souffrons, nous devons veiller à ce que notre fils n'en souffre pas un jour ;

c'est notre devoir de l'élever en vue de la position à laquelle notre fortune lui permettra de prétendre plus tard. Seras-tu bien à plaindre, quand tu verras ce petit drôle de Bernard, l'épée au côté, avec deux épaulettes à grains d'or ? Et toi-même, je voudrais bien savoir, en fin de compte, pourquoi tu ne deviendrais pas comme Madame la marquise, la providence de ces campagnes et l'ornement de ce château.

— Pour n'avoir pas grandi dans un palais, notre fils n'en vaudra que mieux, et Madame la marquise, en abandonnant sa demeure, n'y a pas laissé le secret de sa grâce et de sa beauté, répliqua la bonne femme en branlant la tête. Vois-tu, Stamply, ces gens-là avaient quelque chose qui nous manquera toujours, à nous autres;

on peut bien leur prendre leurs domaines, mais ce quelque chose-là, on ne le leur prendra jamais.

— Eh bien! nous nous en passerons ; qu'ils le gardent, et grand bien leur fasse! Toujours est-il que nous sommes chez nous, et nous y resterons.

Ce qui fut dit fut fait. On touchait alors au printemps; c'était le premier du siècle. Le petit Bernard avait huit ans au plus ; c'était, dans toute l'acception du mot, un franc polisson qui possédait à un degré éminent tous les agréments de son âge, bruyant, mutin, tapageur, indisciplinable, s'attaquant à tous les drôles du village, tour à tour battant et battu, ne rentrant jamais au logis qu'avec une veste en lambeaux ou quelque meurtrissure au visage.

Stamply commença par donner un précepteur à cet aimable enfant; puis, se reposant sur un cuistre du soin de lui former un homme, il se disposa à jouir paisiblement et sans ostentation de la position qu'il s'était faite par le concours simultané de ses labeurs et des évènements. Malheureusement il était écrit là-haut que sa vie ne devait plus être qu'une longue suite, rarement interrompue, de déboires, de tribulations et d'épouvantables douleurs.

D'abord le jeune Stamply se montra on ne peut plus rebelle aux bienfaits de l'éducation : non qu'il manquât d'intelligence et d'aptitude, mais c'était une nature indomptable chez laquelle les instincts turbulents étouffaient ou contrariaient tous les autres. Il découragea successivement la patience de trois précepteurs qui, de guerre lasse, lâchèrent la partie après y avoir perdu leur latin. Découragé lui-même, le père Stamply se décida à placer son fils dans un des lycées de Paris, espérant que l'éloignement, le pain sec, les pensums et le régime militaire qui gouvernait alors les collèges, viendraient à bout de ce jeune ange. La séparation ne s'effectua pas sans déchirements. Tel que nous le voyons, Bernard était l'amour, l'orgueil et la joie de sa mère. En le voyant partir, la bonne femme sentit son cœur près de se briser, et lorsqu'à l'heure des adieux elle le pressa dans ses bras, elle eut comme un pressentiment qu'elle ne le reverrait plus et qu'elle l'embrassait pour la dernière fois.

C'est qu'en effet la pauvre mère ne devait plus revoir son enfant. Sa santé s'était sensiblement altérée. Habituée aux travaux de la ferme, l'oisiveté la consumait. Le jour, elle errait, comme une âme en peine, dans ses appartements; la nuit, quand elle parvenait à s'endormir, elle rêvait qu'elle voyait la marquise de La Seiglière demandant l'aumône à la porte de son château. Il n'y avait que Bernard qui jetât autour d'elle un peu de mouvement, de bruit et de gaîté. Lorsque la maison ne retentit plus des éclats de la voix joyeuse et que la fermière n'eut plus là, sous la main, son petit Bernard pour l'étourdir et pour la distraire, elle se sentit prise d'une sombre mélancolie, et ne tarda pas à dépérir. Son mari fut longtemps à s'en apercevoir. Il avait conservé ses habitudes de travail et d'activité. Il restait rarement au gîte, était sans cesse par monts et par vaux, visitait ses domaines, avait l'œil à tout, et se donnait parfois la satisfaction de tirer quelques lièvres et quelques perdreaux sur ces terres où ses aïeux avaient gardé le gibier seigneurial. Il finit pourtant par remarquer l'état languissant de l'humble et triste châtelaine.

— Qu'as-tu? lui disait-il parfois. N'es-tu pas une heureuse femme? Que te faut-il? que te manque-t-il? Parle enfin, que désires-tu?

— Hélas! répondait-elle alors, il me manque notre modeste aisance d'autrefois. Je voudrais, comme autrefois, traire nos vaches et battre notre beurre; je voudrais faire la soupe pour nos bergers et nos garçons de ferme; je voudrais revoir mon petit Bernard; je voudrais apporter ici chaque matin nos œufs, notre crême et notre lait fumant. Tu te souviens, Stamply, comme Madame la marquise l'aimait, notre crême ! Qui sait, pauvre chère âme, si elle en a d'aussi bonne à présent ?

— Bah ! bah ! répondait Stamply, la crême est bonne partout. Sois donc sûre que Madame la marquise ne manque de rien. Le marquis n'est point parti les mains vides, et je jurerais qu'il a dans ses tiroirs plus de bons louis d'or que nous n'avons, nous autres, de méchants écus de six livres. S'il n'a pas emporté dans son portefeuille son château, son parc et ses terres, nous n'y pouvons rien ; ce n'est pas à nous qu'on doit s'en prendre. Il faut se faire une raison. Quant à ton petit Bernard, tu le reverras ; le drôle n'est pas mort. Penses-tu qu'au lieu de l'envoyer étudier et s'instruire, il eût été plus raisonnable de le garder ici à dénicher des oiseaux pendant l'été, et, durant l'hiver, à se battre à coup de boules de neige avec tous les va-nu-pieds du pays?

— C'est égal, Stamply, ce n'est pas ici notre place, et ç'a été un mauvais jour, le jour où nous avons quitté notre ferme.

A ces mots, qui revenaient sans cesse dans tous les discours de sa femme, Stamply haussait les épaules et se retirait avec humeur. Cependant le mal empirait. Esprit faible, conscience timorée, la pauvre châtelaine en arriva bientôt à se demander avec épouvante si son mari ne l'avait pas trompée, si les choses s'étaient accomplies aussi honnêtement qu'il le disait, s'il était vrai que toute cette fortune fût légitimement acquise et que le château n'eût rien à reprocher à la probité de la ferme. Grâce à la préoccupation continuelle, elle passa promptement du doute à la conviction, du scrupule au remords. Dès-lors elle se desséca dans l'idée que Stamply avait volé et dépossédé traîtreusement ses maîtres. Ce devint en peu de temps une monomanie qui ne lui laissa ni paix ni trêve, et, malgré tous les efforts que tenta son mari pour lui montrer qu'elle était folle, cette folie ne fit qu'augmenter. Ce fut au point que Stamply, qui pensa lui-même en perdre la tête, se vit obligé de l'enfermer et de veiller sur elle, car elle allait partout répétant que son mari, elle et son fils n'étaient qu'une famille de gueux, de bandits et de spoliateurs. Elle mourut dans un état d'exaltation impossible à décrire, croyant entendre la maréchaussée qui accourait pour la saisir, et suppliant son mari de rendre aux La Seiglière leur château et tous leurs domaines, trop heureux, ajouta-t-elle en expirant, s'il pouvait à ce prix sauver sa tête de l'échafaud et son âme du feu éternel.

Maître Stamply n'était pas précisément un esprit fort. Sans parler de la douleur qu'il en ressentit, la mort de sa femme le frappa d'une étrange sorte. Bien qu'il affichât volontiers un certain mépris de la classe nobiliaire, il y avait toujours en lui un vieux fonds de vénération pour les maîtres qu'il avait remplacés, et quoiqu'en interrogeant sa conscience, il se jugeât irréprochable, il ne pouvait parfois s'empêcher d'être troublé par leur souvenir. Toutefois, les impressions funèbres dissipées, il reprit son même train de vie, et reporta vers son fils absent toutes ses pensées et toutes ses ambitions.

A seize ans, son éducation se trouvant achevée, Bernard revint au logis. C'était alors un beau jeune homme, grand, mince, élancé, au cœur bouillant, aux regards de flamme, tout rempli des ardeurs de son âge, qu'excitaient encore les belliqueuses influences d'une époque éprise de gloire et de combats. Jusqu'alors la vie du château n'avait guère différé de celle de la ferme. Au retour de Bernard, tout prit une face nouvelle. Étranger aux faits du passé, n'ayant qu'un vague souvenir des La Seiglière, qu'une idée confuse des évènements qui l'avaient enrichi, ce jeune homme pouvait jouir des bienfaits de sa position sans scrupule, sans trouble et sans remords. Jeune, il avait tous les goûts, tous les instincts de la jeunesse. Il chassa, creva des chevaux, étonna le pays par le luxe de ses équipages, et fit, comme on dit, sauter les écus paternels, le tout à la plus grande satisfaction du digne Stamply, qui ne se sentit pas d'aise de reconnaître chez son fils les manières d'un grand seigneur. Tout était pour le mieux, lorsqu'un matin Bernard alla trouver son père et lui tint ce langage :

— Père, je t'aime et devrais m'estimer heureux de passer ma vie près de toi. Cependant je m'ennuie et n'aspire qu'à te quitter. Que veux-tu? J'ai dix-huit ans, et c'est une honte de tirer sa poudre aux lapereaux, quand on pourrait la brûler glorieusement pour le service de la France.

L'existence que je mène m'étouffe et me tue. Toutes les nuits, je vois l'empereur, à cheval, à la tête de ses bataillons, et je me réveille en sursaut, croyant entendre le bruit du canon. L'heure est venue où mon rêve doit s'accomplir. Préférerais-tu voir ma jeunesse se consumer dans les vains plaisirs? Si tu m'aimes, tu dois vouloir être fier de ta tendresse. Ne pleure pas, souris plutôt en songeant aux joies du retour. Quelles joies, en effet! quelle ivresse! Je reviendrai colonel, je suspendrai ma croix à ton chevet, et le soir, au coin du feu, je te raconterai mes batailles.

Et le cruel partit. Ni les remontrances, ni les larmes, ni les prières ne purent le retenir. A cette époque, ils étaient tous ainsi. Bientôt ses lettres arrivèrent comme de glorieux bulletins, toutes respirant l'odeur de la poudre, toutes écrites le lendemain d'un jour de combat. Engagé comme volontaire dans un régiment de cavalerie, sous-officier après la bataille d'Essling, officier un mois plus tard, après la bataille de Wagram, où l'empereur l'avait remarqué, il allait à grands pas, poussé par le démon de la gloire. Il fut un de ceux qui prouvèrent, au dire de Puisaye, qu'une année de pratique supplée avantageusement toutes les manœuvres et tous les apprentissages d'esplanade. Chacune de ses lettres était un hymne à la guerre et au héros qui en était le dieu. Au commencement de l'année 1811, son régiment se trouvant à Paris, Bernard profita d'un congé de quelques jours pour courir embrasser son vieux père. Qu'il était charmant sous son uniforme de lieutenant de hussards ! Que le dolman bleu à tresses d'argent faisait ressortir avec grâce l'élégance de sa taille svelte et souple comme la tige d'un jeune peuplier ! Qu'il portait galamment sur l'épaule la pelisse bordée de fourrures ! Que sa brune moustache relevait fièrement sur sa lèvre fine et rosée ! Qu'il avait bon air avec son grand sabre, et quel joli bruit le parquet rendait sous ses éperons sonnants ! Stamply ne se lassait pas de le regarder avec un sentiment d'admiration naïve, lui baisait les mains et doutait que ce fût son enfant.

Comme le soleil à son couchant, l'astre impérial brillait de son plus bel éclat, lorsqu'un frisson mortel passa sur le cœur de la France. Une armée de cinq cent mille hommes, dans laquelle la mère patrie comptait deux cent soixante et dix mille de ses fils les plus forts et les plus vaillants, venait de passer le Niémen pour aller frapper l'Angleterre au sein glacé de la Russie. Le régiment de Bernard faisait partie de la réserve de cavalerie commandée par Murat. On reçut au château une lettre datée de Wilna, puis une autre dans laquelle Bernard racontait qu'il avait été fait chef d'escadron après l'affaire de Volontina, puis une troisième, puis rien. Les jours, les semaines, les mois s'écoulèrent : point de nouvelles ! Seulement on apprit qu'une bataille, la plus terrible qui se fût donnée dans les temps modernes, avait été livrée dans les plaines de la Moscowa ; la victoire avait coûté vingt mille hommes à l'armée française. Vingt mille hommes tués, et point de lettres ! L'empereur est à Moscou, mais point de lettres de Bernard. Stamply espère encore; il se dit qu'il y a loin du château de La Seiglière au Kremlin et qu'entre ces deux points le service des postes ne saurait, surtout en temps de guerre, se faire très régulièrement. Mais des bruits sinistres circulent; bientôt ces sourdes rumeurs se changent en un cri d'épouvante, et la France en deuil compte avec stupeur ce qui reste de ses légions. Que se passait-il au château? Ce qui se passait, hélas! dans tous les pauvres cœurs éperdus qui cherchaient un fils dans ces rangs éclaircis par le froid et par la mitraille. Stamply s'étant décidé à s'adresser au ministère de la guerre pour savoir à quoi s'en tenir sur la destinée de Bernard, la réponse ne se fit pas attendre : Bernard avait été tué à la bataille de la Moscowa.

La douleur ne tue pas : Stamply resta debout. Seulement il vieillit de vingt ans en moins de quelques mois, et quelque temps on le vit plongé dans une espèce de marasme approchant de l'imbécilité. On le rencontrait, par le soleil ou par la pluie, errant à travers champs, tête nue, le sourire sur les lèvres, ce sourire vague et incertain, plus triste et plus déchirant que les larmes. Lorsqu'il sortit de cet état, le bonhomme en vint peu à peu à remarquer une chose à laquelle son esprit ne s'était jamais arrêté jusqu'alors : c'est qu'il n'avait autour de lui ni amitiés ni relations d'aucune sorte, et qu'il se trouvait dans un isolement absolu ; il crut même entrevoir qu'il était, dans la contrée, un objet de mépris et de réprobation générale. Et c'était vrai depuis longues années. Tant qu'avait duré la terreur et que maître Stamply était resté modestement dans sa ferme, on ne s'était guère préoccupé, aux alentours, de sa fortune et de ses acquisitions successives ; mais quand des jours plus calmes eurent succédé à ces temps d'épouvante, et que le fermier se fut installé publiquement dans le château seigneurial, on commença d'ouvrir de grands yeux, et lorsqu'enfin les blasons et les titres reparurent sur l'eau, comme des débris après la tourmente, il s'éleva de toutes parts contre le malheureux châtelain un formidable concert d'injures et de calomnies. Que dit-on? que ne dit-on pas! Les uns, qu'il avait volé, ruiné, chassé, dépossédé ses maîtres ; les autres, qu'il n'avait été que le secret agent du marquis et de la marquise, et qu'abusant de leur confiance, il refusait de rendre les domaines et le château qu'il avait rachetés avec l'argent des La Seiglière. Les bonnes âmes qui, en 95, auraient été enchantées de voir trancher le cou du marquis, se prirent à chanter ses vertus et à pleurer sur son exil. Les sots et les méchants s'en donnèrent à cœur joie ; aux yeux même des honnêtes gens, la probité des Stamply fut pour le moins chose équivoque. La triste fin de la bonne fermière, les remords qu'elle avait laissé éclater sur ses derniers jours, donnaient du poids aux suppositions les plus outrageuses ; le train qu'avait mené Bernard, pendant son séjour chez son père, avait achevé d'exaspérer l'envie. Ç'avait été, à Poitiers et aux environs, un *tolle* universel. Enfin il n'y eut pas jusqu'à la mort de ce jeune homme qui ne servît de prétexte à l'insulte : on y reconnut un effet de la colère divine, une expiation méritée, trop douce au dire de quelques-uns. Loin de plaindre Stamply, on l'accabla ; loin de s'attendrir sur son sort, on lui jeta le cadavre de son fils à la tête.

Tant que Bernard avait vécu, absorbé dans sa joie et dans son orgueil paternel, Stamply non-seulement n'avait pas remarqué l'espèce de réprobation qui pesait sur lui, mais encore ne s'était pas douté des propos calomnieux répandus sur son compte. C'est ainsi que les choses se passent assez communément : le monde se préoccupe, s'agite, s'inquiète et crie, tandis que le plus souvent les êtres auxquels s'adresse tout ce bruit sont dans leur coin heureux et tranquilles, sans même soupçonner l'honneur que le monde leur fait.

Mais, lorsqu'après la mort de son fils, qui avait été tout son univers, Stamply jeta çà et là un regard désolé, ne rencontrant ni une main amie, ni un cœur affectueux, ni un visage bienveillant, le pauvre homme finit par s'apercevoir qu'il y avait autour de lui comme un cordon sanitaire. Ses paysans et ses fermiers le haïssaient, parce qu'il était sorti de leurs rangs; les gentillâtres ses voisins se détournaient en le voyant et ne lui rendaient pas son salut. Enfin, sur les derniers temps, les petits drôles l'insultaient et lui lançaient des pierres quand il traversait le village. — Tiens, se disaient-ils entre eux, voici ce vieux gueux de Stamply qui a fait fortune en dépouillant ses maîtres! — Il passait, le front baissé, les yeux pleins de larmes. Son esprit qui, sous le double fardeau du chagrin et de l'âge, avait déjà beaucoup baissé, acheva de s'affaisser sous le sentiment du mépris public; sa conscience, qui n'avait jamais été bien paisible, recommença de se troubler. Bref, dans son château, au milieu de ses vastes domaines, il vécut seul, misérable et proscrit.

II

Tout à l'heure je vous montrais du doigt le castel de Vaubert, à moitié caché par un bouquet de chênes et regardant d'un air mélancolique la façade orgueilleuse du château qui domine les deux rives du Clain. Le castel de Vaubert n'a pas toujours eu l'humble aspect que nous lui voyons aujourd'hui. Avant que la révolution eût passé par là, c'était un vaste château avec tours et bastions, pont-levis et fossés, créneaux et plate-formes, vraie place forte qui écrasait de sa masse imposante l'architecture élégante et fleurie de son svelte et gracieux confrère. Les domaines qui se pressaient à l'entour et constituaient de temps immémorial la baronnie de Vaubert, ne le cédaient en rien, ni pour l'étendue ni pour la richesse, aux propriétés des La Seiglière. Qui disait La Seiglière et Vaubert, disait les maîtres du pays. A part quelques rivalités inévitables entre voisins de si haut bord, les deux maisons avaient toujours vécu dans une intimité à peu près parfaite, que dut resserrer, sur les derniers temps, l'appréhension du danger commun. Toutes deux émigrèrent le même jour, suivirent la même route et choisirent le même coin de terre étrangère pour y vivre plus rapprochées dans l'infortune qu'elles ne l'avaient été dans la prospérité ; car, réunissant ce qu'elles avaient pu réaliser de leur avoir, elles s'établirent sous le même toit, en communauté de biens, d'espérances et de regrets : plus de regrets que d'espérances, plus d'espérances que de biens. Comme le marquis, M. de Vaubert avait sa femme, et de plus un fils, encore enfant, destiné à grandir dans l'exil.

Ces patriciens qu'on a tant calomniés, quand il était si aisé d'en médire, ont montré du moins en ces temps d'épreuve, qu'ils savaient supporter la mauvaise fortune comme s'ils n'avaient jamais connu la bonne. Chez ces âmes habituées au luxe et à la mollesse, chez ces esprits légers pour la plupart, frivoles et dissipés, il s'est trouvé, aux jours du malheur, des ressources imprévues d'énergie, de courage et de résignation facile. Ainsi, la petite colonie dont nous parlons s'installa gaîment dans sa pauvreté et commença par y vivre avec une aimable philosophie. La maison qu'elle occupait, au bout d'un faubourg de la ville, se composait d'un corps de logis flanqué de deux pavillons : l'un s'appelait le château de Vaubert, l'autre le château de La Seiglière. Le jour, on se visitait, suivant les lois de l'étiquette : le soir, on se retrouvait au salon commun. Chacun apportait à ces petites réunions sa politesse exquise et ses belles manières ; madame de La Seiglière et madame de Vaubert y ajoutaient le charme de leurs grâces et de leur beauté : l'une, déjà prise de ce mélancolique désintéressement propre aux êtres destinés à mourir avant l'âge ; l'autre, nature moins poétique, esprit remuant, actif, aventureux, digne de briller sur un plus vaste théâtre, au milieu des intrigues qui s'ourdissaient alors dans les salons de Vienne et de Coblentz. On se consolait par un bon mot, on se vengeait par un sarcasme ; on n'allait jamais jusqu'à la colère. Tant de philosophie reposait, il faut le dire, sur un grand fonds d'illusions et sur une complète inintelligence des faits. En général, c'était un peu là le secret de ce courage, de cette énergie, de cette facile résignation que nous nous plaisions à reconnaître tout à l'heure. On persistait à croire que le grand œuvre qui se consommait n'était qu'une parade sanglante, jouée par une bande d'assassins ; on s'attendait de mois en mois à voir la France châtiée et remise dans le droit chemin. La ruine de leurs espérances modifia singulièrement les esprits, et les amena forcément à une appréciation plus juste et plus sensée des évènements accomplis. Dès que ces enfants qui avaient joué étourdiment à l'exil eurent compris que le jeu était sérieux, et que l'exil les prenait au mot, plusieurs d'entre eux songèrent sérieusement à rentrer en France, les uns pour se mêler aux menées du parti royaliste, qui commençait à s'agiter dans les sections de Paris; les autres, pour essayer de recueillir, s'il était encore temps, quelques débris de leur fortune. Le baron de Vaubert fut au nombre de ces derniers. Jamais, à vrai dire, il ne s'était montré très chaleureux à l'endroit de l'émigration; sa femme l'y avait entraîné malgré lui; il avait gardé la conviction qu'il aurait pu, avec un peu d'adresse, conserver sa tête et ses biens. Le marquis de La Seiglière, soit fermeté, soit entêtement, ayant déclaré qu'il ne rentrerait en France qu'avec ses maîtres légitimes, M. de Vaubert partit seul, se réservant de revenir près de sa femme et de son fils ou de les appeler près de lui, selon le résultat de ses démarches et la tournure des évènements.

M. de Vaubert trouva son château mutilé, ses créneaux abattus, ses fossés comblés, ses écussons brisés, ses terres morcelées, ses propriétés vendues. C'était un esprit assez positif, revenu des idées chevaleresques, dont il ne se pardonnait point d'avoir été dupe un instant. Rentré sous un faux nom, il obtint à la longue sa radiation de la liste des émigrés, et reprit son rang aussitôt que les hautes classes de la société commencèrent à se reconstituer. Il ne s'agissait plus que de reprendre la baronnie ; c'est vers ce but qu'il tourna toutes ses facultés.

Il n'est rien que l'adversité pour développer dans le cœur de l'homme les instincts industrieux dont l'ensemble compose ce mauvais génie qu'on appelle le génie des affaires. Il est vrai d'ajouter que le moment était bien choisi. Époque de ruine et de fondation, si les vieilles fortunes croulaient comme des châteaux de cartes, les fortunes nouvelles poussaient comme des champignons le lendemain d'une pluie d'orage. Il y avait place pour toutes les ambitions : les parvenus encombraient le sol ; les particuliers s'enrichissaient d'un jour à l'autre au jeu des spéculations hasardeuses, et, au milieu de la prospérité individuelle, il n'y avait, à proprement parler, que l'État qui se trouvàt dans le dénûment. M. de Vaubert se jeta dans les affaires avec l'audace aventureuse des gens qui n'ont plus rien à perdre; sans se laisser décourager par la difficulté de l'entreprise, il se proposa vaillamment de reconquérir et de réédifier l'héritage qu'il avait reçu de ses pères, et qu'il avait à cœur de transmettre à son fils. Toutefois, des années s'écoulèrent avant que le succès couronnât ses efforts, et ce ne fut guère qu'en 1810 qu'il put racheter ce qui restait de son manoir, en y joignant quelques terres environnantes. Il en était là de sa tâche, qu'il espérait mener à bonne fin, quand la mort le surprit, comme il venait d'écrire pour rappeler près de lui sa femme et son fils, qu'il n'avait pas revus depuis près de quinze ans.

Pendant ce temps, que s'était-il passé dans l'exil? Le marquis avait vieilli; madame de Vaubert n'était plus jeune; son fils Raoul avait dix-huit ans; il y en avait dix que madame de La Seiglière était morte en donnant le jour à une fille qui s'appelait Hélène et promettait d'être belle comme l'avait été sa mère. La lettre de M. de Vaubert décida la baronne à partir sur-le-champ. La séparation fut douloureuse. Malgré la différence de leurs âges, les deux enfants s'aimaient tendrement. Madame de Vaubert et le marquis de La Seiglière étaient liés par l'habitude et par le malheur. D'aucuns ont prétendu méchamment qu'ils s'étaient consolés mutuellement dans leur veuvage; ces sots propos ne nous importent guère. Le fait est que, près de se quitter, ils se sentirent émus et troublés. C'étaient de vieux amis. La baronne insista pour emmener le marquis et sa fille, leur offrant de venir continuer à Vaubert la vie qu'ils avaient menée sur la terre étrangère, et laissant percer l'espoir d'unir un jour Hélène et Raoul. Le marquis ne dissimula pas qu'une pareille union comblerait ses vœux les plus chers ; plus d'une fois il en avait lui-même caressé secrètement le rêve. Il prit acte de la proposition de la baronne, et dès cet instant, les deux enfants se trouvèrent fiancés l'un à l'autre. Quant à l'offre de retourner en France, et d'aller s'établir à Vaubert, M. de La Seiglière, quoiqu'il lui coûtât de se séparer de ses compagnons d'infortune, fit entendre assez clairement qu'il la regardait comme inacceptable. Ses idées, en vingt ans, n'avaient pas fait un pas. Il ne pardonnait pas à M. de Vaubert d'avoir compromis son nom dans les fournitures des armées, et n'était pas homme à partager les bénéfices d'une fortune rachetée à ce prix. Enfin, pour rien au monde il n'aurait consenti à voir de si près le vieux trône de France occupé par un usurpateur, et les domaines de la Seiglière possédés par un de ses fermiers. A ses yeux, Bonaparte et Stamply n'étaient que deux spoliateurs qu'il mettait sur la même ligne ; il appelait l'un le Stamply des Bourbons, l'autre le Napoléon des La Seiglière. Il était curieux et plaisant à entendre sur ce sujet ; aimable esprit d'ailleurs, qu'on ne pouvait s'empêcher d'aimer. Bref, plein de confiance dans un avenir qui réintégrerait la monarchie et ses serviteurs dans leurs biens, droits et privilèges, il s'obstina à ne vouloir remettre les pieds en France que lorsqu'on en aurait chassé les Stamply de toute sorte, les uns à coups de canne, et les autres à coups de canon.

La rentrée de madame de Vaubert fut tout un poëme de déceptions poignantes et d'amers désenchantements. D'après la lettre de son mari, qui n'abordait aucun détail, et qui, jusqu'alors, avait toujours exagéré le succès de ses entreprises, la baronne s'était imaginé qu'elle allait retrouver son château tel à peu près qu'elle l'avait laissé, avec toutes ses dépendances. A Poitiers, elle ne fut pas médiocrement surprise de n'y point voir, avec une voiture à ses armes, M. de Vaubert, qu'elle avait eu soin de prévenir du jour de son

arrivée. Il y avait une bonne raison pour
que M. de Vaubert manquât au rendez-
vous; mais la baronne ne la soupçonnait
pas. Comme elle avait hâte de marcher
sur ses terres, elle prit le bras de son fils,
et tous deux, ayant gagné les rives du
Clain, suivirent le sentier qui devait les
conduire à Vaubert. Il faudrait avoir
passé vingt années dans l'exil pour comprendre quelles émotions durent s'empa-
rer du cœur de cette femme, lorsqu'elle
aspira et qu'elle reconnut au parfum l'air
de ces campagnes au milieu desquelles
s'étaient écoulées les belles années de sa
jeunesse. Son sein se gonfla et ses yeux se
remplirent de larmes. Disons-le à sa
louange, ce n'était pas seulement le sentiment de la propriété retrouvée qui la
troublait ainsi. Ces émotions, elle les avait

ressenties en touchant le sol de la France ; seulement, à cette heure, il s'y mêlait naturellement une plus douce ivresse, car s'il est juste de flétrir l'égoïsme des petites âmes qui bornent la patrie aux limites de leurs domaines, il est juste aussi de reconnaître que le champ paternel et le toit héréditaire sont dans la patrie commune comme une seconde patrie. Raoul, qui n'avait aucun souvenir de ces lieux, ne partageait pas l'attendrissement de sa mère, mais il sentait son jeune cœur tressaillir d'orgueil et de joie en songeant que ce château, ces bois, ces fermes, ces prairies qu'il avait tant de fois entrevus dans ses rêves comme de fabuleux rivages, il les tenait là sous sa main, et qu'il touchait enfin à cette seigneuriale opulence dont on l'avait entretenu souvent, après laquelle

il avait soupiré toujours. A mesure qu'ils avançaient, madame de Vaubert lui montrait l'océan de verdure qui se déroulait devant eux, et disait avec complaisance :
— Tout ceci, mon fils, est à vous. — Elle jouissait des transports de ce jeune homme, et se faisait surtout une fête de l'introduire dans le gothique manoir des aïeux, vraie forteresse au dehors, au dedans vrai palais où respirait le luxe de dix générations. Cependant elle s'étonnait de ne voir venir à sa rencontre ni M. de Vaubert ni quelque députation de fermiers et de jeunes paysannes accourus pour fêter son retour, et lui offrir des fleurs et des hommages. Raoul lui-même qui, pour avoir grandi au sein des privations, ne s'était pas moins élevé selon les idées de sa race, que lui avaient inféodées de bonne heure

les entretiens de sa mère et du marquis de La Seiglière. Raoul s'émerveillait tristement du peu d'empressement qui l'accueillait sur son passage ; mais, grand Dieu ! quelle ne fut pas la stupeur de la baronne, lorsqu'au détour du sentier, elle découvrit ce qui restait de sa garenne et de son château, et que Raoul, voyant sa mère en douloureuse et muette observation, lui demanda quelle était cette masure qu'elle contemplait de la sorte. Elle refusa d'abord d'en croire ses yeux; comme le soleil venait de se coucher, elle pensa sérieusement que c'était un effet de crépuscule, et qu'elle était le jouet d'un mirage de nouvelle espèce. Toutefois, elle acheva le trajet d'un pas moins ferme et d'un cœur moins joyeux. Hélas ! il n'était que trop vrai, la garenne avait disparu, il n'en restait qu'un bouquet de chênes. Le château n'était plus qu'un corps mutilé qui cachait ses blessures sous un linceuil de lierre. Les fossés étaient transformés en jardin potagers; la chapelle n'existait plus; les tourelles avaient disparu; la façade tombait en ruines. Et pas un serviteur sur le seuil de la porte! pas un coup de fusil! pas un bouquet! pas une harangue! pas d'autres cris que ceux des hirondelles qui volaient dans l'air bleu du soir! partout, aux alentours, la solitude et le silence des tombeaux. Madame de Vaubert continua d'avancer, et son fils répétait en la suivant d'un air surpris : — Où donc allons nous? où me conduisez-vous, ma mère? — La baronne marchait en silence. Lorsqu'elle pénétra dans ce nid dévasté, elle sentit ses jambes défaillir et son cœur qui se mourait dans sa poitrine. L'intérieur était plus sombre encore et plus dévasté que ne le promettait le dehors. Les parquets étaient pourris, les lambris enlevés, enlevées aussi les tentures de damas et de cuir de Hollande; enlevés les tableaux, enlevés les meubles gothiques et les meubles de la renaissance; salles vides, appartements déserts, murs nus et délàbrés ; seulement, çà et là, aux plafonds quelques vestiges de dorure; aux fenêtres, quelques lambeaux de soie oubliés, décolorés par l'humidité et rongés par les rats.—Où sommes-nous, ici, ma mère ? demandait Raoul en promenant autour de lui un regard étonné. Madame de Vaubert allait de chambre en chambre et ne répondait pas. Enfin, après avoir cherché vainement une âme à travers ces débris, elle trouva dans la cuisine un vieux serviteur profondément endormi sous le manteau de la cheminée. Elle le secoua violemment par le bras, en s'écriant à plusieurs reprises d'une voix impérieuse et brève : — Où est M. de Vaubert? — M. de Vaubert, madame? répondit le vieillard en se frottant les yeux, il est au cimetière. —Vous êtes fou, bonhomme, répliqua vivement la baronne qui n'avait plus la tête à elle. Que voulez-vous que M. de Vaubert soit allé faire au cimetière? — Madame, répondit le vieux serviteur, il y fait ce que je faisais tout à l'heure, il y dort d'un profond sommeil. — Mort! s'écria la baronne. — Et enterré depuis un mois, ajouta tranquillement le vieillard. — Au cri qu'elle jeta, le bonhomme regarda attentivement et reconnut enfin madame de Vaubert, car il avait été autrefois un des serviteurs de la maison; il en était le seul à présent. L'âge et les infirmités l'avaient rendu à peu près imbécile. Il raconta comment M. le baron, au moment où il venait de racheter son château et deux petites fermes qui composaient toutes ses propriétés foncières, était mort sans avoir eu le temps de faire exécuter les réparations et embellissements qui devaient mettre le manoir en état de recevoir convenablement madame la baronne et son fils. Madame de Vaubert était atterrée; Raoul ne revenait pas de ce qu'il voyait et de ce qu'il entendait. Brisé par la fatigue du voyage et par les émotions du retour, le jeune baron s'endormit sur une chaise de paille, et sa mère passa la nuit dans le seul lit un peu propre qui se trouvât dans le logis.

Le lendemain, en sortant de sa chambre, Madame de Vaubert rencontra Raoul qui se promenait mélancoliquement dans le château de ses ancêtres. Ils se regardèrent l'un l'autre sans échanger une parole. Cependant la baronne cherchait encore à s'abuser sur sa position; mais lorsqu'on eut levé les scellés et liquidé la succession, soit que de son vivant M. de Vaubert dissipât d'un côté ce qu'il gagnait de l'autre, soit qu'il s'abusât lui-même sur le résultat de ses opérations, sa femme et son fils furent obligés de reconnaître qu'en réalité leur héritage se bornait au château tel que nous le voyons aujourd'hui, à deux petites fermes d'un médiocre rapport, et à une somme de cinquante mille francs que le baron avait déposée chez son notaire, quelques jours avant sa mort. C'était là le plus clair et le plus net de leur avoir. Ils organisèrent leur vie modestement, et le train qu'ils menèrent dans leur châtellenie ne différa guère de celui qu'ils avaient mené dans l'exil.

Madame de Vaubert était réservée à d'autres déceptions non moins cruelles. A mesure qu'elle vécut sur ce sol que le soc révolutionnaire avait remué de fond en comble et divisé à l'infini, à mesure qu'elle observa ce qui se passait dans cette France, grande alors, prospère et comblée de gloire, à mesure qu'elle étudia la constitution territoriale du pays, et qu'elle vit la propriété nouvelle déjà consacrée par de longues années de jouissance, paisible, inattaquable, appuyée sur le droit commun, elle sentit tout le vide et tout le néant des illusions du parti de l'émigration; elle comprit qu'en mettant les choses au mieux, la rentrée des Bourbons dans leur royaume ne réintégrerait pas nécessairement le marquis de la Seiglière dans ses domaines ; elle jugea que Napoléon, au faîte de la puissance, était encore moins solidement assis sur son trône que la fortune de maître Stamply sur le plateau de sa colline, et qu'on pourrait chasser l'un à coup de canon, sans qu'il fût permis pour cela de chasser l'autre à coups de canne. Ces réflexions refroidirent peu à peu Madame de Vaubert à l'endroit du mariage projeté entre son fils et maddemoiselle de La Seiglière. Près de quitter le marquis et sa fille, elle s'était laissée entraîner par l'attendrissement des adieux ; à distance, la froide raison ressaisit son empire. Raoul était beau, élégant, bien tourné, pauvre, mais de race noble s'il en fut, car les Vaubert remontaient au premier baron chrétien. Dans une époque de fusion et de ralliement, où pour complaire au chef de l'état, les parvenus de la veille cherchaient à blasonner leurs sacs et à décrasser leurs écus au frottement des vieux parchemins, Raoul pouvait évidemment prétendre à un riche mariage qui lui permettrait de relever la fortune de sa famille. Ces idées se développèrent insensiblement, et prirent, de jour en jour, dans l'esprit de la baronne, une forme plus nette et plus arrêtée. Elle aimait tendrement son fils; elle souffrait dans son amour tout autant que dans son orgueil de voir la destinée de ce beau jeune homme se consumer et se flétrir dans l'ennui de la pauvreté. Jeune encore elle-même, mais pourtant à cet âge, avide de bien-être et de sécurité, où les calculs de l'égoïsme ont déjà remplacé les élans généreux de l'âme, on devine sans peine tout ce qui couvait d'ambitions personnelles sous la sollicitude, très sincère d'ailleurs, de la mère pour son enfant.

Madame de Vaubert, qui s'était d'abord tenue à l'écart, ne se mêlant qu'à cette fraction de la noblesse qui s'obstinait à bouder dans son coin, songeait donc sérieusement à se rallier à la fortune de l'empire et à chercher pour son fils quelque mésalliance lucrative, quand soudain on apprit que l'aigle impériale, frappée d'un coup mortel aux champs de la Russie, ne tenait plus les foudres de la guerre que d'une serre à demi brisée. La baronne jugea prudent d'attendre et de voir, avant de prendre aucun parti, de quel côté s'abattrait l'orage qu'on entendait gronder à tous les points de l'horizon. Ce fut à cette époque, on doit s'en souvenir, que Stamply reçut la nouvelle de la mort de son fils. Le bruit en parvint à madame de Vaubert, qui décida charitablement que c'était une justice du ciel, et ne s'en préoccupa point davantage. Elle haïssait ce Stamply pour son propre compte et pour le compte du marquis. Elle ne parlait de lui qu'avec mépris, et les récits exagérés qu'elle faisait de la position de M. de La Seiglière et de sa fille n'avaient pas peu contribué à déchaîner sur la tête du pauvre diable toutes les colères et toutes les malédictions du pays. Les choses en étaient là, lorsqu'un soir tout sembla devoir prendre bientôt une face nouvelle.

Assise auprès d'une croisée ouverte,

madame de Vaubert paraissait plongée dans une méditation profonde. Ce n'étaient ni les harmonies ni les images d'un beau soir d'été qui la tenaient ainsi rêveuse et recueillie. Elle regardait avec un sentiment de tristesse et d'envie le château de La Seiglière, dont les derniers rayons du soleil embrasaient les fenêtres, et qui resplendissait dans toute sa gloire, avec ses festons et ses arabesques, ses clochetons et ses campanilles, tandis que les ombrages touffus du parc ondulaient à ses pieds au souffle caressant des brises. Elle voyait en même temps les riches fermes groupées à l'entour, et dans l'amertume de son cœur, elle songeait que ce château, ce parc et ces terres étaient la propriété d'un rustre et d'un manant. Raoul la surprit au milieu de ces réflexions. Il prit place auprès de sa

mère et demeura silencieux, comme elle,
à regarder d'un air affaissé l'étendue de
paysage qu'encadrait la croisée ouverte.
Ce jeune homme était miné depuis longtemps par une sombre mélancolie. N'ayant
point goût à l'étude qui seule aurait pu
charmer sa pauvreté, il consumait son
énergie en regrets stériles, en désirs im-
puissants. Ce soir-là, dans une promenade
solitaire à travers champs, il avait rencontré une troupe joyeuse de jeunes cavaliers
qui s'en retournaient à la ville, en grand
équipage de chasse, au bruit des fanfares,
escortés de leurs meutes et de leurs piqueurs. Il n'avait, lui, ni piqueurs, ni
meute, ni pur sang limousin sur lequel il
pût promener ses ennuis, et il était rentré
au logis plus découragé et plus sombre
que d'habitude. Il s'accouda sur le dos de

sa chaise, appuya son front sur sa main, et madame de Vaubert vit couler deux larmes sur les joues amaigries de son fils.

— Mon fils! mon enfant! mon Raoul! dit-elle en l'attirant sur son sein.

— Ah! ma mère! s'écria le jeune homme avec amertume, pourquoi m'avoir trompé? pourquoi m'avoir bercé d'un fol et vain espoir? pourquoi m'avoir nourri, dès l'âge le plus tendre, de rêves insensés? pourquoi m'avoir fait entrevoir, du sein de la pauvreté, les rives enchantées où je devais n'aborder jamais? Que ne m'avez-vous élevé dans l'amour de la médiocrité? que ne vous êtes-vous étudiée à borner mes désirs et mes ambitions? que ne m'avez-vous enseigné de bonne heure l'humilité et la résignation qui convenaient à notre destinée? Cela vous eût été bien facile!

A ces reproches mérités, madame de Vaubert ne répondait qu'en baissant la tête, quand des cris du dehors attirèrent son attention. Elle se leva, s'approcha du balcon, et reconnut, au bout du pont jeté sur le Clain, Stamply qu'une bande de petits drôles poursuivaient à coups de mottes de gazon. Le vieux proscrit, sans chercher à repousser les hostilités, s'enfuyait aussi vite que le permettaient son âge et ses souliers ferrés. Madame de Vaubert le suivit longtemps des yeux, puis retomba dans sa rêverie. Elle en sortit souriante et radieuse. Que s'était-il passé ? qu'était-il advenu ? Moins que rien, une idée. Mais une idée suffit à changer la face du monde.

III

A quelques jours de là, madame de Vaubert prit le bras de son fils, et, sous prétexte d'une promenade aux environs, gagna la rive droite du Clain. C'était la première fois, depuis son retour, qu'elle se décidait à toucher cette rive. En passant devant la grille du parc, elle s'arrêta quelques instants, et, comme si elle cédait à l'entraînement des souvenirs, elle ouvrit la porte et entra.

— Que faites-vous, ma mère? s'écria Raoul, qui s'était vainement efforcé de la retenir sur le seuil ; ne craignez-vous pas d'outrager le marquis et sa fille en mettant le pied sur ces terres? N'est-ce point faillir du même coup au culte de l'amitié et à la religion du malheur? Enfin, avec les sentiments de haine et de mépris que nous professons l'un et l'autre contre le maître de ces lieux, vous semble-t-il que ce soit ici notre place ?

— Venez, venez, mon fils ; ce n'est point outrager le marquis que de chercher sous ces ombrages les souvenirs qu'il y a laissés. Où vous voyez une insulte au malheur, M. de La Seiglière ne verrait lui-même qu'un pèlerinage pieux. Venez, répétat-elle en s'appuyant doucement sur le bras de Raoul ; nous n'avons pas à redouter de fâcheuses rencontres : c'est l'heure où je vois, chaque jour, passer M. Stamply allant visiter ses domaines. D'ailleurs, je dois vous avouer, mon fils, que je suis un peu revenue de mes préventions, et que cet homme ne me paraît mériter, à bien prendre, ni la haine ni le mépris dont le pays se plaît à l'accabler. Je dirai même qu'il y a dans cette destinée proscrite et malheureuse au sein de la prospérité quelque chose de touchant, et qui, malgré moi, m'intéresse.

— Quoi ! ma mère, s'écria le jeune homme ; un fermier qui a dépossédé ses seigneurs ! un serviteur qui s'est enrichi de la dépouille de ses maîtres ! un misérable...

— Misérable en effet, vous avez dit le mot, Raoul, répliqua madame de Vaubert en l'interrompant ; si misérable, que je me repens à cette heure d'avoir mêlé ma voix à celles qui l'accusent. Le ciel a traité cet infortuné avec assez de rigueur pour qu'il nous soit permis de lui montrer un peu d'indulgence. Mais, mon fils, laissons là cet homme, ce n'est pas de lui qu'il s'agit. Tenez, ajouta-t-elle en l'entraînant dans l'allée qui longe le bord de l'eau, je retrouve à chaque pas quelque image de mes belles années ; je crois respirer l'âme de madame de La Seiglière dans tous ces parfums.

Ainsi causant, ils marchaient à pas lents, lorsqu'au détour de l'allée ils se trouvèrent presque face à face avec Stamply, qui, de son côté, se promenait solitairement dans son parc. Raoul fit un mouvement pour s'éloigner, mais la baronne le retint et s'avança vers le bonhomme, qui, ne sachant à quoi attribuer l'honneur d'une pareille rencontre, se confondait en salutations.

— Pardonnez, Monsieur, lui dit-elle avec grâce, la liberté que j'ai prise de m'introduire ainsi dans votre propriété. Ces beaux ombrages me rappellent tant et de si doux souvenirs, que je n'ai pu résister plus longtemps au désir que j'avais de les visiter.

— Soyez remerciée plutôt que pardonnée, Madame, répondit le vieux Stamply, qui tout d'abord avait reconnu madame de Vaubert. C'est le plus grand honneur, c'est le seul, ajouta-t-il avec tristesse, qu'aient reçu ces lieux depuis que je les habite.

Puis, comme s'il comprenait que ce n'était pas à lui que l'honneur s'adressait, soit discrétion, soit humilité, le vieillard fit mine de vouloir se retirer, après avoir invité ses hôtes à poursuivre leurs excursions; mais madame de Vaubert l'interpellant avec bonté :

— Pourquoi, Monsieur, nous quitter si tôt? C'est vouloir nous donner à penser que notre visite est indiscrète et que nous troublons votre solitude. S'il en est autrement, restez; vous n'êtes pas de trop entre nous.

Confus de tant de prévenances, Stamply ne savait comment témoigner sa gratitude, et ne réussissait qu'à exprimer sa stupéfaction. C'était la première fois, non-seulement qu'il voyait chez lui des hôtes de cette importance, mais encore qu'il s'entendait adresser quelques paroles polies et bienveillantes. Et c'était madame de Vaubert, la baronne de Vaubert, la plus grande dame de la contrée, l'amie des La Seiglière, qui daignait le traiter ainsi, lui, Stamply, le vieux gueux, comme il savait trop bien qu'on l'appelait dans le pays ! Mais que devint-il, lorsqu'il sentit à son bras le bras de madame la baronne, et que celle ci lui dit avec un doux sourire et d'un ton presque familier : — Allons, monsieur Stamply, soyez mon cavalier et mon guide ! Les pauvres âmes réprouvées, mises par la calomnie au ban de l'opinion, connaissent seules tout le prix d'un témoignage inespéré de sympathie et de bienveillance : quelque léger qu'il soit, elles s'en saisissent avec transport et s'y appuient avec un sentiment d'indicible reconnaissance ; c'est le brin d'herbe que la colombe jette à la fourmi qui se noie. En sentant à son bras le bras de la baronne de Vaubert, Stamply fut pris d'une joie à peu près pareille à celle qu'éprouva le lépreux de la cité d'Aost, lorsqu'il sentit sa main serrée par une main amie, et la fête aurait été complète, si le bonhomme eût été moins embarrassé de son costume et de son maintien. Il est très vrai que sa personne contrastait étrangement avec celle de madame de Vaubert, qui, dans sa ruine, humiliait l'opulence de son voisin par l'élégance de sa tenue et la grâce de ses manières.

— Si j'avais pu penser qu'un si grand honneur me fût réservé, j'aurais fait, ce matin, un peu de toilette, dit-il en regardant tristement ses gros souliers à boucles de cuivre rougi, ses bas de laine bleue, son gilet de futaine et sa culotte de velours de coton, élimée jusqu'à la corde.

— Comment donc! s'écria la baronne; mais vous êtes très bien ainsi. D'ailleurs, Monsieur, vous êtes chez vous.

Ces mots — vous êtes chez vous — allèrent au cœur de Stamply, et achevèrent de le remplir d'une douce satisfaction. Vous êtes chez vous! ces mots si simples qu'il osait à peine, depuis lougtemps, s'adresser à lui-même, tant la conscience qu'il avait du mépris public l'avait cruellement ébranlé dans le sentiment de sa propre estime, ces mots, prononcés par madame de Vaubert, n'étaient-ils pas un démenti formel aux commentaires injurieux des méchants? N'étaient-ils pas, en effet, pour cet homme, comme une réhabilitation éclatante, comme une solennelle consécration de ses droits et de sa fortune? Cependant le jeune de Vaubert, dont la surprise était pour le moins égale à celle de Stamply, se tenait auprès de sa mère, froid, silencieux, hautain, ne sachant que conclure ni qu'imaginer de la scène, pour le moins étrange, qu'il voyait se passer sous ses yeux.

Tout en marchant, tout en causant, ils arrivèrent, par d'insensibles détours, devant la façade du château. Il faisait une journée brûlante; le ciel était chargé de nuages. Il y avait près d'une heure que madame de Vaubert marchait sous des ombrages embrasés que ne rafraîchissait aucune brise. Elle s'assit sur une des marches du perron, et passa son mouchoir sur son front et sur son visage, tandis que Stamply se tenait devant elle, immobile et roulant entre ses doigts les larges bords de son chapeau de feutre qu'il n'avait pas cessé de tenir à la main durant toute la promenade.

— Madame la baronne mettrait le comble à ses bontés, dit-il enfin d'un air suppliant, en daignant venir se reposer un instant chez moi. Je serais d'autant plus touché d'une faveur si grande, que je m'en reconnais moins digne.

— Ma mère, dit aussitôt Raoul qui avait hâte d'en finir avec cette comédie dont il n'entrevoyait ni le but ni le sens; ma mère, un gros orage se prépare; il nous reste à peine le temps, avant que la nuée crève, de regagner notre demeure.

— Eh bien ! mon fils, laissons passer l'orage, répondit madame de Vaubert en se levant, et puisque notre aimable voisin nous offre une hospitalité si cordiale, allons attendre sous son toit que le ciel nous permette de regagner le nôtre.

A ces mots, la figure de Stamply rayonna, et sa bouche s'épanouit en un sourire de béatitude. Quel triomphe, en effet, pour lui, de recevoir madame de Vaubert et de montrer ainsi à ses gens qui ne manqueraient pas d'en instruire tout le pays, qu'il était moins déconsidéré que les méchants ne se plaisaient à le dire et les sots à le croire ! Leicester recevant la reine Élisabeth dans le château de Kenilworth ne fut ni plus heureux ni plus fier qu'en cet instant maître Stamply, lorsqu'il vit la baronne monter les degrés du perron et franchir le pas de sa porte. Raoul suivit sa mère avec un mouvement d'humeur que celle-ci feignit de ne pas remarquer, et que ne remarqua pas Stamply, tout absorbé qu'il était dans sa joie et dans son bonheur. Lorsque, après avoir introduit ses hôtes dans le salon, le bonhomme se fut esquivé pour veiller lui-même aux soins de l'hospitalité, Raoul, demeuré seul avec sa mère, allait enfin lui demander l'explication d'une énigme dont il s'épuisait vainement à chercher le mot depuis une heure; mais il en fut empêché par un autre sentiment de curiosité qui lui ferma la bouche et lui fit ouvrir de grands yeux.

Quoiqu'on n'eût rien changé à la disposition des appartements, l'intérieur du

château de La Seiglière ne répondait plus
à la magnificence du dehors. Tout s'y
ressentait de l'incurie et des habitudes
moins qu'aristocratiques, bourgeoises tout
au plus, du nouveau propriétaire. Ajoutez
que les vingt années qui venaient de s'é-
couler n'avaient point rajeuni la fraîcheur
des tentures. Ces lampas fanés, ces do-
rures noircies, ce luxe sans jeunesse, ces
vestiges d'une splendeur où la vie ne se
révélait plus, composaient l'intérieur le
moins réjouissant qui se puisse imaginer.
C'était beau et triste comme ces vastes
salles du palais de Versailles, qu'on ad-
mire en les traversant, mais où l'on sent
qu'on mourrait d'ennui, si l'on était obligé
de les habiter. Il n'y avait que le salon où
venaint d'être introduiset madame de Vaubert et son fils qui eût conservé, par une

faveur toute spéciale, la fraîcheur et l'éclat, la jeunesse et la vie. On eût dit que madame de la Seiglière l'animait encore de sa grâce et de sa beauté. Bernard, de son vivant, s'était plu à l'orner et à l'embellir de tous les trésors que le marquis n'avait pu emporter avec lui dans l'exil, et Stamply, après le départ et même après la mort de son fils, avait voulu, par religion pour sa mémoire, que cette pièce fût entretenue avec autant de soins que par le passé, comme si Bernard devait y rentrer d'un instant à l'autre. Aussi tout y respirait-il la splendeur des hôtes d'autrefois. Ce n'étaient que damas de Gênes, tapisseries en point de Beauvais, meubles de Boule chargés d'objets d'art, cristaux étincelants, groupes en biscuit, porcelaines de Saxe et de Sèvres, filets d'or courant au plafond, bergeries de Watteau au-dessus des portes ; il y avait là de quoi fournir vingt pages de description à quelques-uns de ces esprits charmants qui ont créé la poésie de l'inventaire et se montrent moins préoccupés du mobilier de l'âme que de l'ameublement des maisons. Après avoir tout observé avec une attention jalouse, après avoir reconnu et touché du doigt tout ce qu'il n'avait vu jusqu'alors que dans ses rêves décevants, Raoul s'approcha de la fenêtre et se prit à regarder d'un air sombre le castel ruiné de Vaubert, qui ne lui avait jamais paru si pauvre ni si désolé qu'à cette heure. Pendant ce temps, la baronne contemplait son fils avec complaisance, souriante et sereine comme si elle tenait en son pouvoir la baguette magique qui devait relever les tours de son château et rendre à Raoul la fortune de ses ancêtres.

Stamply ne tarda pas à revenir, suivi de deux garçons de ferme qui portaient d'un air ébahi des plateaux chargés de sirops, de crème, de fraises et de vins d'Espagne. La foule des serviteurs, qui se composait d'une cuisinière, d'un jardinier et d'une gardeuse de dindons, se pressait dans l'antichambre et cherchait à voir, par la porte entr'ouverte, madame la baronne et son fils. Depuis l'avènement de Stamply, c'était la première fois que le château se trouvait à pareille fête.

— Voilà qui est du dernier goût, dit madame de Vaubert avec son plus aimable sourire ; vous nous faites, Monsieur, une réception royale.

Stamply s'inclina, se troubla, balbutia ; puis, apercevant les deux garçons de ferme, qui, après avoir déposé les plateaux sur le marbre d'une console, s'étaient assis chacun dans un fauteuil et s'y prélassaient sans façon, il les prit par les épaules et les poussa tous deux hors du salon.

— Savez-vous, Monsieur, dit la baronne qui n'avait pu s'empêcher de rire à cette petite scène, savez-vous que vous mériteriez d'être nommé conservateur-général des châteaux de France ? Celui-ci n'a rien perdu de son ancienne splendeur; je crois même que vous y avez ajouté un nouvel éclat. D'autre part, on prétend que les domaines de La Seiglière ont doublé de valeur sous votre administrtion. Vous êtes, à ce compte, le plus riche propriétaire du pays.

— Hélas ! madame la baronne, répondit tristement le vieillard, Dieu et les hommes me l'ont fait payer bien cher, cette prospérité qu'on m'envie ! Dieu m'a pris ma femme et mon enfant ; les hommes m'ont chargé d'outrages. Le vieux Job était moins malheureux sur son fumier que je ne le suis au sein de la richesse. Vous avez un fils, Madame ; consultez votre joie, et vous comprendrez ma douleur.

— Je la comprends, Monsieur; votre fils, dit-on, était un héros.

— Ah ! madame, il était ma vie ! s'écria le vieillard en étouffant ses pleurs et ses sanglots.

— Les desseins de Dieu sont impénétrables, dit Madame de Vaubert avec mélancolie; quant au jugement des hommes, je crois, Monsieur, que vous auriez tort de vous en trop préoccuper. On vous a chargé d'outrages, dites-vous? Je l'ignorais; vous me l'avez appris. Qu'importe l'opinion des sots? vous avez l'estime des honnêtes gens.

A ces mots, Stamply secoua la tête d'un air chagrin, en signe de dénégation.

— Vous vous calomniez, Monsieur, reprit vivement Madame de Vaubert. Pensez-vous, par exemple, que je serais ici, si je ne vous estimais pas? Je suis, ce me semble, assez intéressée dans la question pour ne pas être suspecte de partialité en votre faveur. Amie des La Seiglière, j'ai, quinze ans durant, partagé leur exil; comme eux, j'ai vu mes biens séquestrés et vendus par la république. La république nous a dépouillés; elle a disposé de ce qui ne lui appartenait pas : que ce lui soit une honte éternelle! Mais vous, acquéreur de bonne foi, qui avez acheté à beaux deniers comptant, qui vous blâme? qui vous accuse? L'adversité a pu nous aigrir ; elle n'a point étouffé dans nos cœurs le sentiment de la justice. Ce n'est pas à vous qu'appartient notre haine. Que de fois n'ai-je pas entendu le marquis et madame de La Seiglière se féliciter de ce que leurs domaines étaient échus du moins au plus probe de leurs fermiers !

— Serait-il vrai, Madame? s'écria Stamply avec un mouvement de joie et de surprise ; madame la marquise et monsieur le marquis parleraient de moi sans colère? J'aurais pensé que je n'étais pour eux qu'un objet de mépris et d'exécration.

— Pourquoi donc cela, Monsieur? répliqua la baronne en souriant. Je me souviens que, quelques jours avant sa mort, la pauvre marquise me disait encore...

— Madame la marquise est morte! s'écria Stamply avec un étonnement douloureux.

— En donnant la vie à une fille belle aujourd'hui comme le fut sa mère. Je vous disais donc, Monsieur, reprit madame de Vaubert, que, quelques jours avant sa mort, la marquise me parlait de vous, de madame Stamply, qu'elle appréciait et qu'elle aimait. Elle en parlait avec cette bonté touchante que vous n'aurez point oubliée. Le marquis vint se mêler à l'entretien, et se plut à citer plusieurs traits de dévouement et de fidélité qui honorent votre famille. « Ce sont de nobles cœurs, ajouta madame de La Seiglière, et, dans notre malheur, ce m'est presque une consolation de penser que nos dépouilles sont tombées entre des mains si pures et si honnêtes. »

— Ma mère, dit Raoul, qui était resté debout dans l'embrasure de la fenêtre et qui souffrait visiblement d'entendre parler ainsi madame de Vaubert, un coup de vent vient d'emporter l'orage ; le ciel s'est éclairci ; nous pourrions sans danger regagner notre gîte.

La baronne se leva, et, se tournant vers Stamply :

— Je vous remercie, Monsieur, lui dit-elle, de votre bonne hospitalité et me félicite du hasard qui m'a procuré l'avantage de vous connaître. Je fais des vœux sincères pour que nos relations ne se bornent pas à cette première entrevue. Il dépend de vous que ces vœux soient exaucés. N'oubliez pas, rappelez-vous souvent que vous avez sur l'autre rive des voisins qui s'estimeront toujours heureux de vous recevoir.

A ces mots, prononcés avec une grâce qui en releva l'expression à un point que nous ne saurions dire, madame de Vaubert se retira, appuyée sur le bras de son fils et reconduite par Stamply, qui ne quitta ses hôtes qu'à la grille du parc, après s'être incliné jusqu'à terre.

— Enfin, ma mère, s'écria le jeune homme, m'allez-vous donner l'explication de ce que je viens de voir et d'entendre? Hier encore, vous méprisiez, vous haïssiez cet homme ; jusqu'à ce jour, vous n'aviez parlé de lui qu'en termes flétrissants : quelle révolution étrange s'est opérée tout à coup dans vos idées et dans vos sentiments ?

— Mon Dieu ! rien n'est plus simple, et je croyais déjà vous l'avoir dit, mon fils, répliqua la baronne sans s'émouvoir. Au rebours de ce citoyen d'Athènes qui condamna Aristide à l'ostracisme, parce qu'il était las de l'entendre appeler juste, à force d'entendre dire du mal de M. Stamply, j'ai fini par en penser du bien. Si des préventions légitimes, si ma vieille amitié pour les La Seiglière, si l'ignorance des faits dans laquelle j'ai vécu durant près de vingt ans ont pu m'entraîner à des propos inconsidérés, depuis longtemps j'en avais des regrets ; j'en ai des remords à cette heure.

— Permis à vous, ma mère, repartit Raoul, d'en appeler de vos jugements et de casser les arrêts que vous avez rendus vous-même ; mais vous n'aviez pas mission des La Seiglière d'absoudre en leur nom le détenteur de leurs domaines. Pensez-vous que le marquis vous pardonnât de l'avoir pris, en cette occasion, pour complice de votre indulgence ?

— Eh ! mon fils, s'écria la baronne avec un mouvement d'impatience, fallait-il porter le dernier coup à ce cœur déjà si cruellement blessé ? Ne devais-je entrer sous le toit hospitalier que pour m'y faire l'écho des malédictions de l'exil ? Suis-je coupable, suis-je criminelle pour avoir essayé de verser quelques gouttes de baume sur les plaies de cet infortuné? Ah! jeunesse, vous êtes sans pitié! Je ne sais si le marquis me pardonnerait; mais je suis sûre que du haut du ciel l'âme de la marquise me sourit et m'approuve.

La visite de Stamply ne se fit pas attendre. Il se présenta, par une après-midi, au château de Vaubert, dans le costume le plus galant qu'il avait pu choisir dans sa garde-robe de fermier enrichi. Raoul était absent. N'étant point gênée par la présence de son fils, la baronne reçut son voisin avec toute sorte d'égards et de coquetteries; elle l'amena doucement à parler de son fils, et parut s'intéresser à tous ses discours. On pense quelle satisfaction pour ce pauvre vieillard de rencontrer un cœur bienveillant dans lequel il pût librement épancher ses regrets! Cependant il finit par remarquer le modeste ameublement du salon où il se trouvait; en songeant à ce qu'avaient été autrefois, à ce qu'étaient aujourd'hui les Vaubert et les Stamply, il fut pris d'un vague sentiment de pudeur et de confusion que les âmes délicates n'auront pas de peine à comprendre. Comme pour ajouter à l'embarras de son hôte, la baronne raconta les déceptions de son retour, et comment, en place de son château et de ses domaines, elle n'avait retrouvé qu'un pigeonnier et quelques méchants morceaux de terre; mais elle le fit avec tant de grâce et de gaîté, que Stamply, quoique susceptible et défiant, ne put en prendre aucun ombrage, et qu'au contraire il se sentit délivré d'un grand poids en voyant de quelle façon madame de

Vaubert s'accommodait à sa fortune.

— Je vous garde à dîner, lui dit-elle ; mon fils est allé passer la journée chez un de nos amis, et ne rentrera que ce soir ; vous me tiendrez compagnie. La solitude est triste à notre âge. Que voulez-vous ? ajouta-t-elle gaîment, en renouant le fil de la conversation brisée ; chacun son tour, comme dit le proverbe. On assure que les révolutions ont leur bon côté ; nous avons payé pour le croire. Nous ne nous plaignons pas. Plût à Dieu seulement, ainsi que le répétait souvent ma pauvre et bien aimée marquise, plût à Dieu, Monsieur, que tous ceux qui ont profité de nos désastres fussent d'aussi honnêtes gens que vous ! La résignation nous serait encore plus facile.

Dîner en tête-à-tête avec la baronne de Vaubert ne fut pas seulement pour Stamply le comble de l'honneur; ce fut aussi la plus douce joie qu'il eût goûtée depuis bien longtemps. C'est surtout à l'heure des repas que l'isolement se fait cruellement sentir. C'était l'heure de la journée que Stamply redoutait le plus; lorsqu'il lui fallait s'asseoir à table devant la place vide de Bernard, sa tristesse redoublait, et souvent il lui arrivait, comme au roi de Thulé, de boire ses larmes dans son verre. Ce fut donc pour lui comme une fête improvisée. Le festin n'était point somptueux; mais madame de Vaubert suppléa le luxe du service par le charme de son esprit. Elle entoura son convive de mille petites attentions délicates, le flatta, le choya, le gâta comme un enfant, sans avoir l'air de remarquer les gaucheries et les énormités qu'il disait et faisait en matière d'étiquette et de savoir-vivre. Il y eut un instant où le vieillard tourna vers elle un regard dont nous n'essaierons pas de rendre l'expression : rappelez-vous ce beau regard si doux, si tendre, si reconnaissant que tourne le chien de chasse vers son maître qui le caresse. Le bonhomme put croire qu'il n'était plus seul au monde et qu'il avait une famille.

A partir de ce jour, il s'établit des rapports fréquents entre les deux châteaux. Madame de Vaubert, à force de prières et de remontrances, amena peu à peu son fils à tolérer la présence de Stamply et à l'accueillir, sinon avec bienveillance, du moins sans trop de morgue et de hauteur. En même temps, elle étudia, pour les flatter, les goûts et les manies du vieillard. Elle en vint même jusqu'à s'initier aux petits détails de son intérieur et veilla avec une sollicitude toute maternelle à ce que rien ne manquât au soin de son bien-être. Stamply ne résista pas à tant de séductions : il s'y prit comme une mouche dans du miel. Son cœur passa vite de la reconnaissance à l'affection, de l'affection à l'habitude. La meilleure partie de ses journées s'écoulait à Vaubert. Il y dînait trois fois la semaine. Le matin, il s'y arrêtait en allant visiter ses champs; il y retournait le soir pour causer de Bernard, et des affaires du jour, qui préoccupaient vivement les esprits. Par les soirées sereines, madame de Vaubert lui prenait le bras, et tous deux allaient se promener sur les bords du Clain. Qu'on tâche de se représenter l'ivresse du vieux Stamply tenant à son bras le bras d'une baronne, causant familièrement avec elle, et, le long de ces rives où on l'avait parfois salué à coups de pierres, prenant sa part des coups de chapeaux qui s'adressaient à sa compagne? Il est très vrai qu'un reflet de la considération qui entourait la noble dame avait rejailli jusque sur lui. Si ses domestiques ne le volaient pas moins, ils le respectaient davantage. Bref, il faudrait rajeunir la comparaison surannée de l'oasis dans le désert pour peindre en peu de mots ce que fut dans la vie désolée de cet homme l'apparition enchantée de la baronne de Vaubert. Sa fin d'automne en reçut comme un doux éclat. Sa santé se raffermit, son humeur s'égaya, son caractère aigri par le chagrin, retrouva sa bonté native. Il eut, comme on dit, son été de la Saint-Martin ; mais le plus grand bienfait qu'il retira de ces relations, fut de recouvrer l'estime de lui-même et de se sentir réhabilité à ses propres yeux. Sa conscience troublée s'apaisa, et, fort d'une amitié si belle, il releva la tête et porta gaiment sa fortune.

Bientôt à ces salutaires influences madame de Vaubert en mêla d'autres, plus lentes et plus mystérieuses, que Stamply subit sans chercher à s'en rendre compte. Après s'être emparé de la vie de cet homme, elle s'empara de son esprit, qu'elle pétrit à son gré et façonna comme un bloc de cire. Elle s'étudia et réussit à effacer en lui jusqu'au dernier vestige des idées révolutionnaires. Elle sut, à force de subtilités, le réconcilier avec le passé qui l'avait opprimé et le brouiller avec les principes qui l'avaient affranchi. Elle le ramena, à l'insu de lui-même, au point d'où il était parti, et lui fit reprendre, sans qu'ils s'en doutât, la carapace de serf et de vassal sous laquelle ses pères avaient vécu. En même temps, le nom du marquis de La Seiglière et le nom de sa fille revenaient dans tous ses discours, mais avec tant de réserve, que Stamply ne songeait même pas à s'en effaroucher. Il en arriva, sans efforts, à s'attendrir sur la destinée de cette jeune Hélène que madame de Vaubert ne se lassait pas de lui représenter comme la vivante image de sa mère. C'était la même grâce, le même charme et la même bonté. Stamply convenait qu'à ce compte mademoiselle de La Seiglière devait être un ange en effet. Il avait gardé quelques préventions contre le marquis; madame de Vaubert s'appliqua patiemment à étouffer ce vieux restant du levain de 93. L'adversité, disait-elle, est une rude école à laquelle on profite vite. Elle se flattait, pour sa part, d'y avoir beaucoup appris et beaucoup oublié. M. de La Seiglière, à l'entendre, était devenu, dans l'émigration, le plus parfait modèle de toutes les vertus, et ce marquis si fier s'honorerait à cette heure de serrer la main de son ancien fermier et de l'appeler son ami. Stamply répondait que, le cas échéant, ce lui serait un très grand honneur.

Des mois s'écoulèrent ainsi dans une douce intimité à laquelle Raoul ne se mêla point; ce jeune homme était triste et recherchait la solitude. Or, tandis que ces évènements s'accomplissaient sans bruit dans la vallée du Clain, Waterloo venait de clore la grande épopée de l'empire. Le temps pressait; dans une lettre toute récente, le marquis de La Seiglière, convaincu plus que jamais que la chute de Napoléon allait nécessairement entraîner celle de Stamply. et que le premier acte des Bourbons, après leur rentrée définitive en France, serait de réintégrer tous les émigrés dans la propriété de leurs domaines, rappelait généreusement à sa vieille amie la promesse qu'ils avaient échangée d'unir un jour Hélène et Raoul. Madame de Vaubert jugea prudent de pousser au dénouement de la petite comédie dont elle avait seule le secret.

Ses relations avec le fermier châtelain étaient, on peut le croire, un grand sujet d'ébahissement pour le pays. La médisance et la calomnie n'avaient point manqué à l'appel. On s'étonnait, on s'indignait de voir qu'une amie des La Seiglière frayât avec l'homme qui les avait dépossédés. Le bruit courait qu'elle visait à se faire épouser par Stamply. La noblesse criait à la trahison, et la roture au scandale. Soit qu'elle ignorât ce qui se disait, soit qu'elle ne s'en souciât pas autrement, la baronne avait jusqu'à présent poursuivi son idée, sans détourner seulement la tête pour écouter les cris de la foule, quand tout à coup Stamply crut remarquer des symptômes de refroidissement dans les témoignages de cette amitié qui le faisait si heureux et si fier. Il n'en ressentit d'abord qu'un sourd malaise qu'il ne s'expliqua pas ; mais, ces symptômes prenant de jour en jour un caractère plus décidé, il commença de s'en alarmer sérieusement. C'est qu'en effet madame de Vaubert n'était plus la même, et quoiqu'elle s'efforçât de dissimuler le changement qui s'opérait en elle, ce n'était pas l'âme susceptible et tendre du pauvre Stamply qui pouvait s'y tromper. Il souffrit longtemps en silence, et ce qu'il souffrit ne saurait se dire, car il avait tourné de ce côté toutes ses facultés aimantes ; il avait mis dans cette affection tout son cœur et sa vie tout entière. Longtemps le respect lui ferma la bouche ; mais un soir, ayant trouvé madame de Vaubert plus distraite, plus réservée, plus contrainte que d'habitude, il exprima son inquiétude d'une façon indiscrète peut-être, touchante à coup sûr. Madame de Vaubert en parut touchée, mais demeura impénétrable.

— Madame, qu'y a-t-il ? je pressens quelque grand malheur.

Madame de Vaubert répondit à peine ; seulement, lorsqu'il fut près de se retirer, elle lui prit les mains et les pressa entre les siennes avec une effusion de tendresse qui ne fit qu'ajouter aux terreurs du vieillard.

Le lendemain, Stamply se promenait dans son parc, encore tout agité de la soirée de la veille, lorsqu'on lui remit un billet de la part de madame de Vaubert. Moins flatté qu'effrayé d'un si rare honneur, il brisa le cachet d'une main émue, et lut ce qui suit à travers ses larmes :

« Vous pressentiez un grand malheur, vos pressentiments étaient justes. Si vous devez en souffrir autant que j'en souffre moi-même, c'est un grand malheur en effet. Il faut ne plus nous voir; c'est le monde qui le veut ainsi. S'ils ne frappaient que moi, je braverais ses arrêts avec joie, mais je dois, en vue de mon fils, m'imposer des sacrifices que ne m'aurait jamais arrachés l'opinion. Comprenez quelle nécessité nous sépare, et que ce vous soit une consolation de penser que votre cœur n'en est pas plus profondément affligé que celui de votre affectionnée,

« Baronne de Vaubert. »

Stamply ne comprit d'abord qu'une chose, c'est qu'il venait de perdre le seul bonheur qu'il eût ici-bas. Puis, en relisant cette lettre, il sentit retomber sur lui toutes les malédictions et tous les outrages dont l'amitié de madame de Vaubert avait si longtemps soulevé le poids. Il se vit replongé plus avant que jamais dans le gouffre de la solitude ; il crut perdre Bernard une seconde fois. C'était plus qu'une affection qui se brisait pour lui ; c'était une habitude. Que ferait-il désormais de ses jours inoccupés, de ses soirées oisives? Où porter son cœur et ses pas? Plus de but ; partout, autour de lui, l'abandon, le silence, les steppes désolées. Dans son désespoir, il prit le chemin de Vaubert.

— Madame, s'écria-t-il en entrant dans le salon où la baronne était seule, Madame, que vous ai-je fait? en quoi ai-je pu démériter de vous? Pourquoi m'avoir tendu votre main, si vous deviez la retirer plus tard? Pourquoi m'avoir appelé, si vous deviez me chasser sans pitié? Pourquoi m'avoir tiré de mes ennuis, si vous deviez m'y rejeter si tôt? Regardez-moi : je suis vieux, mes jours sont comptés. Ne pouviez-vous attendre encore un peu? je n'ai guère de temps à vivre.

Madame de Vaubert s'efforça d'abord de l'apaiser, protestant de son affection et lui prodiguant les mots les plus tendres. Lorsqu'elle le vit plus calme, elle essaya de lui faire comprendre les motifs impérieux auxquels elle avait dû céder. Elle y mit en apparence une extrême réserve et une exquise délicatesse ; mais en réalité chacune de ses paroles entra comme la lame d'un poignard dans le cœur de Stamply. Un reste d'orgueil le soutint et le ranima.

— Vous avez raison, Madame, dit-il en se levant ; c'est moi qui suis un insensé. Je m'éloigne sans me plaindre et sans murmurer. Seulement, rappelez-vous, Madame, que je n'aurais point osé solliciter l'honneur que vous m'avez offert ; rappelez-vous aussi que je ne vous ai pas trompée, et que, dès notre première entrevue, je vous ai dénoncé moi-même les outrages et les calomnies que le monde avait amassés sur ma tête.

A ces mots, il marcha résolument vers la porte ; mais, épuisé par l'effort de dignité qu'il venait de faire, il tomba dans un fauteuil, et laissa ses larmes couler.

En présence d'une douleur si vraie, madame de Vaubert se sentit sincèrement émue.

— Mon ami, écoutez-moi, dit-elle. Vous pensez bien que je ne me suis pas résignée sans effort à briser des relations qui faisaient ma joie autant que la vôtre. Je m'étais prise pour vous d'une tendre affection; je me complaisais dans l'idée que j'étais peut-être dans votre existence quelque chose de bon et de consolant. De votre côté, vous m'aidiez à supporter le poids d'une bien triste vie. Votre bonté me charmait; votre présence distrayait mes ennuis. Jugez donc si je me suis décidée volontiers à déchirer votre cœur et le mien. J'ai longtemps hésité ; enfin, j'ai cru devoir, par égard pour mon fils, donner satisfaction à ce monde stupide et méchant auquel je n'aurais point sacrifié, s'il ne se fût agi que de moi, un seul cheveu de votre tête. J'ai dû le faire ; je l'ai fait — Cependant, ajouta-t-elle après quelques instants de réflexion silencieuse en fixant tout d'un coup sur Stamply un regard qui le fit tressaillir, s'il était un moyen de concilier les exigences de ma position et le soin de vos félicités? s'il était un moyen d'imposer silence aux clameurs de la foule et d'assurer à votre vieillesse des jours heureux, honorés et paisibles?..

— Parlez, parlez, Madame, ce moyen, quel est-il? s'écria le vieillard avec la joie du naufragé qui croit voir une voile blanchir à l'horizon.

— Mon ami, reprit Madame de Vaubert, j'ai mûrement réfléchi sur votre destinée. Après l'avoir envisagée sous toutes ses faces et sous tous ses aspects, je suis obligée de reconnaître qu'il n'en est pas de moins digne d'envie, et que vous êtes, à vrai dire, le plus infortuné des mortels. Vous aviez raison, le vieux Job sur son fumier était moins à plaindre que vous au sein de vos prospérités. Riche, vous n'avez pas l'emploi de vos richesses. Les hommes ont élevé entre eux et vous un mur d'opprobre et d'ignominie. L'outrage, l'injure, le mépris public, voilà jusqu'à présent le plus clair de vos revenus. Vous ne teniez à la vie sociale que par un lien ; ce lien rompu, vous n'avez pas une âme où vous puissiez abriter la vôtre. Je vois votre vieillesse livrée à des soins mercenaires. Vous n'aurez même pas, à votre dernière heure, la consolation de léguer à quelque être aimé cette fortune qui vous aura coûté si cher ; il ne vous reste qu'un héritier, l'État, de tous les héritiers le moins intéressant et le plus ingrat. Maintenant, il s'agit de savoir s'il vous serait plus doux d'avoir une famille qui vous chérirait comme un père, de vieillir entouré d'amour et de tendresse, de n'entendre autour de vous qu'un concert de bénédictions, de reposer vos derniers regards sur les heureux que vous auriez faits, enfin de ne laisser après vous qu'une mémoire chérie et vénérée.

— Une famille... à moi! s'écria le vieillard d'une voix éperdue. Moi, Stamply, le vieux gueux, comme ils m'appellent, entouré de tendresse et d'amour!... des concerts de bénédictions!.. ma mémoire chérie et vénérée!... Hélas! Madame, cette famille, où donc est-elle? Ma femme et mon enfant sont au ciel, et je suis tout seul ici-bas.

— Cette famille, ingrat! répliqua madame de Vaubert en souriant; vous en avez déjà la moitié sous la main.

Avec un peu de finesse ou de vanité,

Stamply aurait pu croire que madame de Vaubert sollicitait en cet instant l'occasion d'une mésalliance; mais le bonhomme n'était ni fin ni vain, et, malgré l'intimité de ses rapports avec la baronne, il n'avait jamais oublié quelle distance séparait encore le paysan parvenu de la grande dame ruinée. Il resta donc bras tendus et bouche béante, hésitant, interdit, ne sachant comment interprêter les dernières paroles qu'il venait d'entendre.

— Vous est-il arrivé, mon ami, reprit madame de Vaubert avec calme, de vous demander quelle aurait été la gloire de Bonaparte, si, comprenant sa mission divine, cet officier de fortune, après avoir écrasé les factions, eût replacé les Bourbons sur le trône de leurs ancêtres? Supposons un instant qu'au lieu de songer à fonder une dynastie, ce Corse, aujourd'hui misérable et proscrit, chargé d'opprobre, traqué et muselé comme une bête fauve, eût mis son épée et son ambition au service de nos princes légitimes, quelle destinée n'aurait pâli devant la destinée de cet homme? Le monde, qui le maudit, le contemplerait avec admiration; les rois qui ont juré sa perte se disputeraient l'honneur de lui tendre la main, et véritablement empereur à partir du jour où il aurait cessé de l'être, l'auréole qu'il porterait au front humilierait l'éclat du diadème.

— Et mon petit Bernard vivrait encore, ajouta Stamply en soupirant.

— Mon ami, s'écria madame de Vaubert, par quel étrange oubli, par quel fatal enchantement n'avons-nous pas compris, l'un et l'autre, que la Providence avait placé sous votre main une destinée à peu près pareille, et qu'il dépendait de vous de réaliser un si beau rêve?

A ces mots, Stamply commença de dresser les oreilles comme un lièvre qui entend remuer autour de lui la pointe des bruyères.

— Ah! pour vous, du moins, il en est temps encore, poursuivit la baronne avec entraînement. Ce que cet homme n'a pas su faire, vous pouvez l'accomplir dans la sphère moins haute où Dieu vous a placé. Consultez votre cœur, descendez dans votre conscience, votre cœur est pur, votre conscience intacte. Les hommes cependant en jugent autrement, et vous-même, irréprochable que vous êtes, ne vous arrive-t-il jamais de vous sentir inquiet et mal à l'aise, quand vous songez que le dernier rejeton d'une famille qui combla de bienfaits la vôtre languit, deshérité, sur la terre étrangère? Eh bien! vous pouvez d'un seul mot légitimer votre fortune, confondre l'envie, désarmer l'opinion, changer en applaudissements les outrages dont on vous accable, vous raffermir dans votre propre estime, et donner au monde un de ces grands exemples qui de loin en loin relèvent l'humanité.

— Le vieux gueux ne porte pas si haut ses ambitions, Madame, répondit Stamply en hochant la tête; il n'a pas la prétention de donner des exemples au monde; ce n'est pas à lui qu'appartient la tâche de relever l'humanité : de plus humbles soins le réclament. D'ailleurs, Madame, je ne comprends pas bien...

— Si vous ne comprenez pas, tout est dit, répliqua froidement madame de Vaubert.

Stamply avait trop bien compris. Quoique fermier de naissance et paysan d'origine, il n'était, nous le répétons, ni fin, ni rusé, ni même bien clairvoyant; mais il avait le cœur ombrageux, et chez lui la défiance pouvait au besoin suppléer la ruse. Non-seulement il comprit où la baronne voulait en venir, mais encore il crut entrevoir que c'était là le secret des avances qu'il avait reçues.

— Je vous entends, Madame la baronne, dit-il enfin avec ce profond sentiment de tristesse qu'éprouvent les âmes tendres, lorsqu'en creusant l'affection qu'elles croyaient sincère et désintéressée, elles découvrent, sous la première couche, un abîme sans fond d'égoïsme : je crois seulement que vous faites erreur. Je n'ai pas à légitimer ma fortune, ma fortune étant légitime ; je ne la dois qu'à mon travail. Quant à mademoiselle de La Seiglière, il est très vrai que je ne pense jamais sans attendrissement à cette enfant qui, m'avez-vous dit, est la vivante image de sa mère. Bien souvent j'ai été tenté de lui faire passer des secours ; je l'ai voulu, et je n'ai point osé.

— Vous auriez tort de l'oublier. il est des infortunes qui ne sauraient accepter d'autres secours que les sympathies et les vœux qu'on forme pour elles, répondit madame de Vaubert avec dignité ; mais laissez-moi vous dire, ajouta-t-elle d'un ton plus affectueux, que vous ne m'avez pas comprise. Je ne songeais qu'à votre bonheur. Je raisonnais, non pas en vue de vos devoirs, mais seulement en vue de vos félicités. Que m'est-il échappé qui vous blesse ou qui vous offense ? Le hasard me fait vous rencontrer ; votre destinée m'intéresse. Je sens que je vous suis une consolation, je vous en aime davantage. Cependant il arrive qu'un jour le monde envieux et jaloux nous sépare. Mon cœur en gémit ; le vôtre s'en alarme. Sur ces entrefaites, je me figure, follement peut-être, qu'en rappelant le marquis de La Seiglière et sa fille pour leur offrir de partager une fortune dont vous n'avez que faire, vous assurez à vos vieux ans le repos, la paix et l'honneur. Là-dessus, mon imagination s'exalte. Je vous vois entouré d'affections et d'hommages ; au lieu de se briser, notre intimité se resserre ; le monde qui vous proscrivait vous recherche ; les voix qui vous maudissaient vous bénissent ; Dieu vous a pris un fils adoré, il vous rend une fille adorable. A ce tableau, je m'émeus et je me passionne ; cette idée, je vous la soumets. Admettons que j'ai fait un rêve. Et puis soyez heureux. Je veux croire que je me suis exagéré le malheur de votre position. Vous vous referez à la solitude ; la nature est bonne, le monde n'est pas regrettable. Vous êtes riche ; la fortune, à tout prendre, est une charmante chose : je souhaite ardemment qu'elle vous tienne lieu du reste.

Cela dit, avec tant d'aisance et de naturel que le vieillard en fut tout ébranlé, madame de Vaubert se leva, et, sous prétexte d'une visite à faire dans le voisinage, se retira, laissant Stamply seul et livré à ses réflexions.

Ces réflexions furent moins que joyeuses. Stamply s'en alla, médiocrement charmé d'une proposition qui ne l'aurait agréé d'aucune sorte, même en supposant qu'elle eût été faite uniquement en vue de son bonheur. C'était un vieux brave homme ; nous n'avons pas dit que ce fût un saint. Il y avait en lui, par exemple, une passion contre laquelle avaient dû se briser toutes les insinuations de madame de Vaubert. Il n'est pas rare de rencontrer ainsi chez ces molles natures, taillables et malléables à merci, un point dur, résistant, infrangible, qu'aucun effort ne saurait entamer ; c'est l'anneau d'acier dans la chaîne d'or. Stamply était avare à sa manière; il avait la passion de la propriété. Il l'aimait pour elle-même, comme certains esprits aiment le pouvoir. Tous ses revenus passaient en achats de terres, c'est ainsi qu'il en était arrivé peu à peu, par empiètements successifs, à reconstituer dans son intégrité l'ancien domaine de La Seiglière. Il venait même d'y réunir tout récemment deux ou trois métairies aliénées depuis plus d'un siècle. N'avoir accompli ce grand œuvre que pour en faire hommage à monsieur le marquis, certes, le cas eût été beau ; mais Stamply n'avait pas, ainsi qu'il l'avait dit lui-même, la prétention de donner à ses contemporains une si éclatante leçon d'abnégation, de sacrifice et de désintéressement. Il pensa que Madame de Vaubert en parlait trop à son aise, et qu'avant de s'y décider, la chose valait la peine qu'on y regardât à deux fois. Il rentra chez lui, résigné à la perte d'une amitié qui se mettait à si haut prix.

La résignation lui fut d'abord aisée. L'affection blessée, l'amour-propre offensé, la crainte d'avoir été pris pour dupe, ranimèrent en lui un reste de chaleur, de force et d'énergie. Tous ses vieux instincts d'indépendance et d'égalité se réveillèrent et reprirent un instant le dessus ; mais cette espèce de surexcitation s'éteignit bientôt comme un feu de chaume. Il avait contracté dans la fréquentation de madame de Vaubert l'habitude des entretiens familiers et des épanchements intimes.

Réduit brusquement au silence, son cœur ne tarda pas à se sentir atteint d'un mortel ennui. Il perdit en moins de quelques jours cette paix intérieure et cette douce sérénité qu'il avait puisées dans ses relations. Privée de son unique appui, sa conscience recommença de défaillir. La vanité se mit de la partie pour tourmenter cette pauvre âme. Son expulsion de Vaubert n'était déjà plus un mystère. C'était le bruit général que madame de Vaubert avait chassé ignominieusement le vieux gueux ; on en faisait des gorges-chaudes. Stamply aurait pu ignorer les sots discours qui se tenaient à ce propos ; mais un soir, en traversant le parc, il entendit ses serviteurs, qui, ne le sachant pas si près, s'entretenaient gaiement de sa mésaventure. Ses fermiers, vis-à-vis de qui, en des temps plus heureux, il s'était paré d'une amitié illustre, affectaient de s'enquérir auprès de lui des nouvelles de madame la baronne. S'il restait au logis, se promenant de chambre en chambre d'un air accablé, ses gens venaient à lui d'un air officieux et demandaient, tantôt l'un, tantôt l'autre, pourquoi leur maître, pour s'égayer et se distraire, n'allait pas faire visite à madame la baronne. S'il se décidait à quitter la maison pour battre tristement la campagne, la valetaille disait en manière de réflexion, assez haut pourtant pour qu'il l'entendît : Voilà notre maître qui va passer une heure ou deux avec madame la baronne! Quoique d'humeur endurante, il fut tenté plus d'une fois de leur frotter les épaules avec son bâton de cornouiller.

Ces mots, madame la baronne, résonnaient sans cesse à son cœur et à ses oreilles. La vue du château de Vaubert le plongeait dans des mélancolies sans fin ; il demeurait souvent de longues heures, silencieux, immobile, à contempler l'Éden perdu et regretté. Cet amour même de la propriété, que nous venons de signaler, ne lui suffisait plus; madame de Vaubert avait développé en lui d'autres instincts, d'autres appétits, d'autres besoins non moins impérieux. D'ailleurs, cet amour, le seul qui lui restât ici-bas, était empoisonné dans sa source. Il se rappelait avec épouvante la misérable fin de l'excellente madame Stamply, ses scrupules, ses terreurs, ses remords, les dernières paroles qu'elle avait prononcées avant d'expirer. Il y pensait le jour, il en rêvait la nuit; exaltée par l'abandon, son imagination lui faisait un sommeil peuplé de lugubres images. C'était tantôt le spectre irrité de sa femme, tantôt l'ombre éplorée de madame de La Seiglière. Après une semaine ou deux d'une existence ainsi torturée, il se tourna, sans y songer, vers l'idée que la baronne lui avait indiquée comme un port. Ce ne fut d'abord qu'un point lumineux, scintillant dans la brume, au lointain horizon. Insensiblement ce point s'élargit, se rapprocha et rayonna pareil à un phare. A force de l'examiner en tous sens, Stamply finit par en saisir le côté poétique et charmant. C'était une âme défiante, mais un esprit simple, honnête et crédule. Il se demanda si madame de Vaubert ne lui avait pas en effet révélé le secret du bonheur. En admettant qu'elle n'eût raisonné

qu'en vue du marquis de La Seiglière et
de sa fille, il fut obligé de convenir qu'en
vue de lui-même elle n'aurait pu rien imaginer de mieux. La perspective des félicités
qu'elle lui avait fait entrevoir se dégagea
peu à peu des nuages qui l'obscurcissaient,
et s'offrit à lui sous un jour enchanté. Il se
représenta son intérieur embelli par la
présence d'une jeune et douce créature;
il se vit introduit, par la reconnaissance
du marquis, dans le monde qui l'avait re-
poussé ; il entendit un concert de louanges
s'élever sur ses pas; il crut voir madame de La Seiglière, la bonne madame
Stamply et son petit Bernard qui lui sou-
riaient du haut des cieux. Toutefois la défiance le retenait encore sur la pente de
ses bons sentiments. A quel titre d'ailleurs
le marquis et sa fille rentreraient-ils dans

ce château et dans ces domaines? Résigner une fortune si laborieusement acquise, ne serait-ce pas convenir qu'elle était usurpée? Au lieu de confondre l'envie, n'allait-il pas lui prêter de nouvelles armes? Avant de prendre aucun parti, Stamply se décida à voir madame de Vaubert pour se consulter avec elle ; mais à peine eut-il touché quelques mots du sujet qui l'amenait, qu'elle l'interrompit aussitôt :

— Je souhaite, dit-elle, qu'il ne soit plus question de ceci entre nous. Il est des choses qui ne se pèsent ni ne se discutent. Je vous le répète, je n'ai cherché, je n'ai voulu que votre bonheur. Il ne s'agissait, dans ma pensée, ni du marquis ni de sa fille : il ne s'agissait que de vous, à ce point que, si mon idée vous eût souri et que le marquis s'y fût résigné, le bienfaiteur, à mon sens, ne serait pas vous, mais bien lui. Gardez vos biens; nous n'en sommes point jaloux. On dit que la pauvreté est amère à ceux qui ont connu la richesse. On se trompe, et c'est le contraire qu'il faut dire. Nous avons connu la fortune, et la pauvreté nous est chère.

Là-dessus, après s'être informée de la santé de son vieil ami et de quelle façon il menait l'existence, madame de Vaubert lui donna poliment à comprendre qu'il n'avait plus qu'à se retirer, ce qu'il fit, très émerveillé de l'élévation des sentiments qu'il venait d'entendre exprimer. Il s'accusa d'avoir calomnié des intentions si désintéressées, et, quoi qu'il trouvât un peu bien étrange qu'en ceci le marquis dût

passer pour le bienfaiteur, et lui, Stamply,
pour l'obligé, il alla, pas plus tard que le
lendemain, se livrer, pieds et poings liés,
à la discrétion de madame de Vaubert,
qui n'en parut ni joyeuse ni bien surprise.
Elle témoigna même une vive répugnance
à s'entremettre de cette affaire, dans la
crainte qu'elle avait, disait-elle, d'offen-
ser les susceptibilités de ses amis. Stamply mit d'autant plus d'ardeur à la chose
que madame de Vaubert y montra moins
d'empressement; et, s'il pouvait être plaisant de voir le cœur dupé par l'esprit, la
bonhomie exploitée par la ruse, c'eût été
une scène plaisante à coup sûr que celle
où le bonhomme supplia la baronne, qui
s'en défendait, d'intercéder pour lui, à
cette fin que le marquis daignât consentir
à rentrer dans un million de propriétés.

— Qu'on aime un peu le vieux Stamply, disait-il ; qu'il voie, sur la fin de ses jours, des visages heureux lui sourire; qu'une main amie lui ferme les yeux, qu'on donne une larme à sa mort; ici-bas et là-haut, Stamply sera content.

On pense bien que madame de Vaubert finit par céder à de si touchantes instances; mais ce qu'on ne saurait s'imaginer, c'est la joie qu'éprouva le vieil enfant après avoir préparé sa ruine. Il s'empara des mains de la baronne, qu'il pressa sur son cœur avec un sentiment d'ineffable reconnaissance : — Car c'est vous, lui dit-il d'une voix émue et les larmes aux yeux, c'est vous, Madame, qui m'avez montré le chemin du ciel. — Madame de Vaubert sentit que c'était un meurtre de se jouer d'une âme si parfaite ; mais, cette fois comme toujours, elle apaisa vite les murmures de sa conscience en se disant que la destinée de Stamply se trouvait intéressée au succès de cette entreprise, qu'elle ne s'y serait pas prise autrement pour assurer le bonheur de cet homme, et qu'en toutes choses la fin excusait les moyens. Il ne s'agissait plus que de tromper l'orgueil du marquis, qu'elle savait trop bon gentilhomme pour s'abaisser jamais à rien tenir de la main de son ancien fermier. La baronne écrivit ces trois mots :

« Bourrelé de remords, sans enfants, sans amis, sans famille, Jean Stamply n'attend que votre retour pour vous restituer tous vos biens. Venez donc. Pour prix de sa tardive probité, ce malheureux demande seulement que nous l'aimions un peu; nous l'aimerons beaucoup. Rappelez-vous le Béarnais : Paris vaut bien une messe. »

Un mois après, le retour de M. de La Seiglière s'effectua simplement, sans faste et sans bruit. Stamply le reçut à la porte du parc et lui présenta tout d'abord, en guise de clés sur un plat d'argent, un acte de donation rédigé en termes touchants, et dans lequel le donateur, par un sentiment d'exquise délicatesse, s'humiliait devant le donataire.

— Monsieur le marquis, vous êtes chez vous, lui dit-il.

La harangue était courte; le marquis la

trouva bien tournée. Il mit dans sa poche l'acte qui le réintégrait dans la propriété de tous ses domaines, embrassa Stamply, lui prit le bras, et, suivi de sa fille qui marchait entre madame de Vaubert et Raoul, il rentra dans son château, aussi jeune d'esprit qu'il en était sorti, sans plus de façons que s'il rentrait de la promenade.

Et maintenant, pour nous en tenir aux suppositions de madame de Vaubert, si Napoléon Bonaparte, réduisant la grandeur de son rôle aux proportions mesquines d'une probité bourgeoise, eût consenti à n'être que l'homme d'affaires de la famille des Bourbons ; après avoir relevé, du bout de son épée, la couronne de France, si, au lieu de la poser sur son front, il l'eût placée sur la tête des descendants de saint

Louis, il est à croire qu'à cette heure un chapitre de plus enrichirait le grand livre des royales ingratitudes. Nous ne prétendons outrager ni la royauté ni personne ; nous ne nous en prenons qu'à cette ingrate espèce qui s'appelle l'espèce humaine. Sans aller chercher nos exemples si haut, restons pour en juger sur les rives du Clain.

IV

D'abord tout alla bien, et les premiers mois réalisèrent amplement toutes les prédictions de bonheur qu'avait prodiguées madame de Vaubert à Stamply. Nous pouvons même affirmer que la réalité dépassa de beaucoup les espérances du vieillard. Le 25 août, à l'occasion de la fête du roi, M. de La Seiglière ayant réuni quelques gentilshommes de la ville et des environs, Stamply s'était assis entre le marquis et sa fille; au dessert, sa santé avait été portée avec enthousiasme immédiatement après celle de Louis *le désiré.* Il dînait ainsi tous les jours à la table de M. de La Seiglière, le plus souvent en compagnie de madame de Vaubert et de son fils, car, de même que dans l'exil, les deux maisons n'en formaient qu'une seule à proprement parler. On recevait peu de monde; les soirées se passaient en famille. Stamply était de toutes les réunions, honoré comme un patriarche et caressé comme un enfant. Le marquis avait exigé qu'il occupât le plus bel appartement du château. Ses gens, qui le servaient à peine et ne le respectaient pas davantage, s'étaient vus remplacés par des serviteurs diligents et soumis qui veillaient à ses besoins et prévenaient tous ses désirs. On l'entourait à l'envi de toutes les attentions si douces à la vieillesse ; on prenait ses ordres en toutes choses ; on ne faisait rien sans le consulter. Ajoutez à tant de séductions la présence de mademoiselle de La Seiglière ; songez que ce n'était, à dix lieues à la ronde, qu'un hymne en l'honneur du plus honnête des fermiers.

Cependant quelques mois à peine s'étaient écoulés que déjà la vie du château avait changé de face et d'allure. Aussi vert et alerte que s'il avait vingt ans, M. de La Seiglière n'était pas homme à se contenter longtemps des joies du foyer et des délices de l'intimité. Il avait repris sa fortune comme un vêtement de la veille, et ne se souvenait du passé que comme d'une pluie d'orage. Vif, allègre, dispos, bien portant, il s'était conservé dans l'exil comme les primevères sous la neige. Les vingt-cinq années qui venaient de s'écouler ne l'avaient pas vieilli d'un jour. Il avait trouvé le triple secret qui fait qu'on meurt jeune à cent ans : l'égoïsme, l'étourderie du cœur, la frivolité de l'esprit; au demeurant, le plus aimable et le plus charmant des marquis. Nul n'aurait pu croire, au bout de quelques mois, qu'une révolution avait passé par là. On avait redoré les plafonds et les lambris, renouvelé les meubles et les tentures, rétabli les chiffres et les écussons, lavé, gratté, effacé partout la trace de l'invasion des barbares. Pour nous servir des charitables expressions de madame de Vaubert, qui ne se gênait déjà plus pour en plaisanter, on avait nettoyé les étables d'Augias. Ce ne furent bientôt que fêtes et galas, réceptions et chasses royales. Du matin au soir, souvent du soir au matin, les voitures armoriées se pressaient dans la cour et dans les avenues. Le château de La Seiglière était devenu le salon de la noblesse du pays. Une armée de laquais et de marmitons avait envahi les cuisines et les antichambres. Vingt chevaux piaffaient dans les écuries; les chenils regorgeaient de chiens; les piqueurs donnaient du cor toute la journée. Stamply avait compté sur un intérieur plus paisible, sur des mœurs plus simples, sur des goûts plus modestes; il n'était pas au bout de ses déceptions.

Dans la première ivresse du retour, on avait trouvé tout charmant en lui, son costume, ses gestes, son langage, jusqu'à ses gilets de futaine. Le marquis et madame de Vaubert l'appelaient hautement leur vieil ami, gros comme le bras. On ne se lassait pas de l'entendre, on s'extasiait à tout ce qu'il disait. C'était l'esprit gaulois dans sa fleur, un cœur biblique, une âme patriarcale. Quand le train du château eut pris un cours brillant et régulier, on commença de remarquer qu'il faisait ombre et tache au tableau. On ne s'en expliqua pas tout d'abord ; longtemps encore ce ne fut entre le marquis et madame de Vaubert que le bon, le cher, l'excellent monsieur Stamply: seulement, de temps à autre, ils y mêlaient quelques restrictions. De détours en détours, de restrictions en restrictions, ils furent amenés à se déclarer mutuellement que cet esprit gaulois était un rustre et ce cœur biblique un bouvier.

On souffrit de ses familiarités, après les avoir encouragées; ce qui passait, quelques mois auparavant, pour la bonhomie d'un patriarche ne fut plus désormais que la grossièreté d'un manant. Tant qu'on s'était borné au cercle de la famille, on avait pu s'y résigner; mais au milieu du luxe et des splendeurs de la vie aristocratique, force fut bien de reconnaître que le brave homme n'était plus acceptable. Ce que le marquis et la baronne ne s'avouèrent pas l'un à l'autre, ce dont ils se gardèrent bien tous deux de convenir vis-à-vis d'eux-mêmes, c'est qu'ils lui devaient trop pour l'aimer. Pareille à cette fleur alpestre qui croît sur les cimes et qui meurt dans les basses régions, la reconnaissance ne fleurit que dans les natures élevées. Elle est aussi pareille à cette liqueur d'Orient, qui ne se garde que dans des vases d'or : elle parfume les grandes âmes et s'aigrit dans les petites. La présence de Stamply rappelait au marquis des obligations importunes ; la baronne lui en voulait secrètement du rôle qu'elle avait joué près de lui. On s'appliqua donc à l'éconduire, avec tous les égards et tous les ménagements à l'usage des gens comme il faut. Sous prétexte que l'appartement qu'il occupait au sein du château était exposé aux bises du nord, on le relégua dans le corps le plus isolé du logis. Un jour, ayant observé, avec une affectueuse sollicitude, que les fêtes bruyantes et les repas somptueux n'étaient ni de son goût ni de son âge, que ses habitudes et son estomac pourraient en souffrir, le marquis le supplia de ne point se faire violence, et décida qu'à l'avenir on le servirait à part. Vainement Stamply s'en défendit, protestant qu'il s'accommodait très volontiers de l'ordinaire de M. le marquis; celui-ci n'en voulut rien croire et déclara qu'il ne consentirait jamais à ce que son vieil ami se gênât pour être agréable à ses hôtes. — Vous êtes chez vous, lui dit-il; faites comme chez vous, vivez à votre guise. On ne change pas à votre âge. — Si bien que Stamply dut finir par prendre, comme un chartreux, ses repas dans sa chambre. Le reste à l'avenant. On en arriva, par d'insensibles transitions, à le traiter avec une politesse exagérée; le marquis le tint à distance à force d'égards; madame de Vaubert l'obligea à battre en retraite sous le feu croisé des grands airs et des belles manières. Aussitôt qu'il apparaissait avec ses souliers ferrés, ses bas de laine bleue et sa culotte de flanelle, on affectait de mettre la conversation sur un ton de cour : ne sachant quelle contenance tenir, Stamply se retirait confus, humilié et l'oreille basse. Ainsi le mur de boue qui l'avait longtemps séparé du monde se changea doucement en une glace de cristal, barrière transparente, mais infranchissable autant que la première ; seulement le bonhomme eut la satisfaction de voir à travers s'en aller en fusées de toutes les couleurs les revenus de ce beau domaine qu'il avait reconstitué au prix de vingt-cinq années de travail et de privations. Le soir, après son repas solitaire, en passant sous les fenêtres du château, il entendait les éclats joyeux des conversations mêlées au bruit des cristaux et des porcelaines. Le jour, errant, triste et seul, sur ces terres qu'il avait tant aimées et qui ne le reconnaissaient plus pour maître, il voyait au loin les chevaux, les équipages, les meutes et les piqueurs battre la plaine et s'enfoncer dans les bois, au son des fanfares. La nuit, interrompu souvent dans son sommeil, il se dressait sur son séant pour écouter le tumulte du bal ; c'était lui qui payait les violons. D'ailleurs, il ne manquait de rien. Sa table était abondamment servie ; une fois la semaine le marquis envoyait prendre de ses nouvelles, et quand madame de Vaubert le rencontrait sur son chemin, elle le saluait d'un geste amical et charmant.

Au bout d'un an, il n'était pas plus question de Stamply que s'il n'existait pas, que s'il n'eût jamais existé. Au bruit qui s'était fait un instant autour de lui avaient succédé le silence et l'oubli. On ne se souvenait même plus qu'il eût jamais possédé ce château, ce parc et ces terres. Après l'avoir accueilli, caressé, fêté comme un chien fidèle, le monde avait fini par le traiter comme un chien crotté. Le malheureux ne jouissait même pas de cette considération qui avait été le rêve de toute sa vie. On croyait ou l'on feignait de croire qu'en rappelant les La Seiglière, il n'avait fait que céder aux cris de l'opinion. On mettait l'acte de sa générosité sur le compte d'une probité forcée, trop tardive pour qu'on pût lui en savoir gré. Enfin ses anciens fermiers, tout fiers d'être redevenus la chose d'un grand seigneur, se vengeaient, par le plus éclatant mépris, d'avoir vécu sous le gouvernement fraternel d'un paysan comme eux. Tout cela s'était accompli graduellement, sans déchirement, sans secousse, presque sans calcul : cours naturel des choses d'ici-bas. Stamply lui-même fut longtemps à comprendre ce qui se passait autour de lui. Lorsqu'enfin ses yeux se dessillèrent et qu'il vit clair dans sa destinée, il ne se plaignit pas : un ange veillait à ses côtés, qui le regardait en souriant.

Mademoiselle de La Seiglière tenait de sa mère qu'elle n'avait jamais connue, et de la pauvreté au sein de laquelle elle avait grandi, un caractère silencieux, un esprit réfléchi, un cœur grave. Par un contraste assez commun dans les familles, elle s'était développée en sens inverse des exemples qu'elle avait reçus, sans rien garder de son père, qu'elle aimait d'ailleurs passionnément, et qui la chérissait de même; seulement, l'amour d'Hélène avait quelque chose de protecteur et d'adorablement maternel, tandis que celui du marquis se ressentait de toutes les puérilités du jeune âge. Élevée dans la solitude, mademoiselle de La Seiglière n'était elle-même qu'un enfant sérieux. Sa mère lui avait transmis, avec le pur sang des aïeux, cette royale beauté qui se plaît, comme les lis et comme les cygnes, à l'ombre des châteaux, au fond des parcs solitaires. Grande, mince, élancée, un peu frêle, elle avait la grâce ondoyante et flexible d'une tige en fleur balancée par le vent. Ses cheveux étaient blonds comme l'or des épis, et, par un rare privilège, ses yeux brillaient, sous leurs sourcils bruns, comme deux étoiles d'ébène, sur l'albâtre de son visage, dont ils rehaussaient l'expression sans en altérer l'angélique placidité. La démarche lente, le regard triste et doux, calme, sereine et demi-souriante, un poète aurait pu la prendre pour un de ces beaux anges rêveurs chargés de recueillir et de porter au ciel les soupirs de la terre, ou bien encore pour une de ces blanches apparitions qui glissent sur le bord des lacs, dans la brume argentée des nuits. Ne sachant rien de la vie ni du monde que ce que son père lui en avait appris, elle avait assisté sans joie au brusque changement qui s'était opéré dans son existence. La patrie, pour elle, était le coin de terre où elle était née, où sa mère était morte. La France, qu'elle ne connaissait que par les malheurs de sa famille et par les récits qui s'en faisaient dans l'émigration, ne l'avait jamais attirée;

l'opulence ne lui souriait pas davantage. Loin de puiser, comme Raoul, dans les entretiens du marquis, l'orgueil et l'esprit de sa race, elle en avait retiré de bonne heure l'amour de l'humble condition où le destin l'avait fait naître. Jamais ses rêves ni ses ambitions n'étaient allés au-delà du petit jardin qu'elle cultivait elle-même; jamais le marquis de La Seiglière n'avait pu réussir à éveiller dans ce jeune sein un désir non plus qu'un regret. Elle souriait doucement à tout ce qu'il disait; s'il venait à parler des biens perdus avec trop d'amertume, elle l'entraînait dans son jardin, lui montrait les fleurs de ses plates-bandes, et demandait s'il en était en France de plus fraîches et de plus belles. Aussi, le jour du départ, avait-elle dévoré ses pleurs; le fait est que, ce jour-là, l'exil avait commencé pour elle. En touchant le sol de la France, ce sol tourmenté qu'elle n'avait jamais entrevu de loin que comme une mer orageuse, Hélène s'était mal défendue d'un sentiment de tristesse et d'effroi ; en pénétrant sous le toit héréditaire, elle avait senti son cœur se serrer et ses yeux se mouiller de larmes qui n'étaient pas des larmes de bonheur. Toutefois, ces premières impressions dissipées, mademoiselle de La Seiglière s'était acclimatée sans efforts dans sa nouvelle position. Il est des natures de choix que la fortune ne surprend jamais, et qui, portant avec la même aisance les destinées les plus contraires, se trouvent toujours et sans y songer au niveau de leurs prospérités. Tout en ayant conservé sa grâce et sa simplicité natives, cette jeune et belle figure s'encadrait si naturellement dans le luxe de ses ancêtres, elle paraissait elle-même si peu étonnée de s'y voir, que nul, en l'observant, n'aurait pu supposer qu'elle fût née dans un autre berceau, ni qu'elle eût grandi dans une autre atmosphère. Elle continua d'aimer Raoul, comme par le passé, d'une tendresse fraternelle, sans soupçonner qu'il existât un sentiment plus profond ou plus exalté que celui qu'elle éprouvait pour ce jeune homme. Elle ne savait rien de l'amour; le peu de livres qu'elle avait lus étaient moins faits pour éveiller que pour endormir une jeune imagination. Les personnages que les récits de son père lui avaient représentés de tout temps comme des types de distinction, de grâce et d'élégance, ressemblaient tous plus ou moins à M. de Vaubert, qui, parfaitement nul et distingué d'ailleurs, se trouvait ainsi ne contrarier en rien les idées qu'Hélène pouvait se former d'un époux. Ils avaient, elle et lui, joué sur le même seuil et grandi sous le même toit. Madame de La Seiglière avait bercé l'enfance de Raoul; madame de Vaubert avait servi de mère à Hélène. Ils étaient beaux tous deux, tous deux à la fleur de leurs ans. La perspective d'être unis un jour n'avait rien qui pût raisonnablement les effrayer beaucoup l'un et l'autre. Ils s'aimèrent de cette affection compassée assez commune entre amants fiancés avant l'âge et avant l'amour. Le mariage est un but auquel il est bon d'arriver, mais qu'il faut se garder de voir de trop loin, sous peine de supprimer tous les agréments de la route. Étrangère à tous les actes aussi bien qu'à tous les intérêts de la vie positive, droite de cœur, mais n'ayant sur toutes choses que des notions confuses, fausses ou incomplètes, entretenue, dès l'âge le plus tendre, dans l'idée que sa famille avait été dépossédée par un de ses fermiers, Hélène croyait ingénument que Stamply n'avait fait que restituer le bien de ses maîtres ; mais, quoiqu'elle pensât ne rien devoir à sa générosité, elle s'était prise, dès les premiers jours, à sourire à ce doux vieillard, qui ne se lassait pas de la considérer avec un sentiment de respect et d'adoration, comme s'il eût compris déjà que, de toutes les affections qui l'entouraient, celle de cette belle enfant était la seule qui fût vraie, naïve et sincère.

En effet, mademoiselle de La Seiglière

réalisa, sans s'en douter, toutes les promesses de madame de Vaubert ; elle acquitta, sans le savoir, toutes les dettes du marquis. A mesure qu'on s'était éloigné de Stamply, Hélène s'était sentie de plus en plus attirée vers lui ; isolée elle-même au milieu du bruit et de la foule, de mystérieuses sympathies avaient dû bientôt s'établir entre ces deux âmes, dont le monde repoussait l'une et dont l'autre repoussait le monde. Cette aimable fille devint, pour ainsi dire, l'Antigone de ce nouvel Œdipe, la Cordelia de ce nouveau roi Lear. Elle égaya ses ennuis et peupla son isolement. Elle fut comme une perle au fond de sa coupe amère, comme une étoile dans sa nuit sombre, comme une fleur sur ses rameaux flétris. Ce qu'il y eut de plus étrange, c'est que, n'ayant cédé d'abord qu'à un sentiment d'adorable pitié, elle finit par trouver auprès de ce vieux compagnon plus d'aliments pour son cœur et pour son esprit qu'elle n'en rencontrait dans la société sonore et vide, brillante et frivole, au milieu de laquelle s'écoulaient ses jours. Chose étrange en effet, ce fut ce pauvre vieillard qui imprima le premier mouvement et donna le premier éveil à cette jeune intelligence. Le matin, quand tout dormait au château, le soir, quand les flambeaux s'allumaient pour la fête, Hélène s'échappait avec lui, soit dans le parc, soit à travers champs, et, dans les longs entretiens qu'ils avaient ensemble, Stamply racontait les grandes choses que la république et l'empire avaient faites. Hélène écoutait avec étonnement et curiosité ces récits naïfs, qui ne ressemblaient à rien de ce qu'elle avait entendu jusqu'alors. Parfois Stamply lui donnait à lire les lettres de Bernard, seul trésor qu'il eût conservé. En les lisant, Hélène s'exaltait comme un jeune coursier qui se réveille au bruit des clairons. D'autres fois, il lui parlait de sa mère, de cette belle et bien-aimée marquise dont il avait gardé le vivant souvenir. Son langage était simple, et souvent Hélène sentait ses yeux mouillés en l'écoutant. Puis il parlait de Bernard, car c'était toujours à ce cher mort qu'on devait revenir. Il disait son enfance turbulente, sa jeunesse impétueuse et son héroïque trépas. Les âmes de colombe aiment les cœurs de lion; Hélène se plaisait à tous ces discours, et ne parlait elle-même de ce jeune homme que comme d'un ami qui n'est plus. Ils allaient ainsi

causant l'un et l'autre, et ce qui montre
combien ce vieux Stamply était une bonne
et charmante nature, c'est que, dans ces
fréquents entretiens, il ne se permit jamais une plainte contre les ingrats qui
l'avaient délaissé, et qu'Hélène put continuer de croire qu'en se dépouillant, il
n'avait fait qu'accomplir un acte rigoureux
de conscience et de probité. Peut-être
aussi lui était-il doux de se sentir aimé
pour lui-même. Il savait que mademoiselle
de La Seiglière était destinée à Raoul ;
il n'ignorait pas que le vœu de leurs parents les avait fiancés de tout temps l'un à
l'autre ; il tenait entre ses mains le fil qui
avait dirigé madame de Vaubert ; il comprenait et savait tout enfin. S'il se plaignit
dans son propre cœur, il n'en laissa rien
voir à sa jeune amie ; il lui cacha, comme

une plaie honteuse, le spectacle flétrissant des humaines ingratitudes. Lorsqu'Hélène s'affligeait de l'existence retirée qu'il menait : — Que voulez-vous? disait-il avec mélancolie ; le monde n'est pas fait pour le vieux Stamply, ni le vieux Stamply pour le monde. Puisque M. le marquis a la bonté de me laisser vivre dans mon coin, j'en profite. J'ai toujours aimé le silence et la solitude; M. le marquis a bien senti qu'on ne se réforme point à mon âge... Aimable enfant, ajoutait-il, votre présence et vos doux sourires, voilà mes fêtes, à moi ! Jamais le vieux Stamply n'en avait rêvé de si belles.

Sur les derniers temps, il voulut visiter une dernière fois la ferme où son père était mort, où son fils était né, où il avait, lui, laissé le bonheur en partant. Brisé déjà par la maladie, depuis longtemps courbé sous le chagrin, il s'y rendit seul, appuyé sur son bâton de cornouiller. La ferme était déserte; tout le monde travaillait aux champs. Après avoir pénétré dans la maison rustique, où rien n'était changé, après avoir reconnu le bahut de chêne, le lit en forme de buffet avec ses courtines et ses rideaux de serge verte, l'image de la Vierge devant laquelle il avait vu, dix années durant, sa femme prier soir et matin, après avoir respiré le bon parfum du lait dans les jattes et du pain frais empilé sur la planche, il alla s'asseoir dans la cour, sur un banc de pierre. Il faisait une tiède soirée d'été. On entendait dans le lointain la chanson des faneuses, les aboiements des chiens et les mugissements des bestiaux. L'air était tout imprégné de la senteur des foins. En face de Stamply, sur la mousse du toit, piétinaient une bande de pigeons roucouleurs. — Ma pauvre femme avait raison, s'écria le vieillard en s'arrachant à ce tableau des joies perdues, ç'a été un mauvais jour, le jour où nous avons quitté notre ferme !

Chargé d'années moins que de tristesse, il mourut deux ans après le retour du marquis, sans autre assistance que celle de mademoiselle de La Seiglière qui lui ferma les yeux. Près d'expirer, il se tourna vers elle et lui remit les lettres de son fils : « Prenez-les, dit-il, c'est tout ce qu'on m'a laissé, c'est tout ce qui me reste à donner. » Il s'éteignit sans regrets de la vie, et tout joyeux d'aller retrouver sa femme et son petit Bernard.

Sa mort ne laissa de vide que dans sa

chambre et dans le cœur d'Hélène. Au château, on en parla durant trois jours. — Ce pauvre Stamply! disait le marquis; à tout prendre, c'était un brave homme. — Bien ennuyeux, soupirait madame de Vaubert. — Bien mal appris, ajoutait Raoul. — Bien excellent, murmurait Hélène. Ce fut là toute son oraison funèbre; Hélène seule acquitta le tribut de larmes qu'on avait promis à sa tombe. Il est bon pourtant d'ajouter que la fin du vieux gueux souleva dans le pays l'indignation d'un parti qui commençait de poindre à l'horizon politique, comme on disait alors élégamment. Hypocrite, envieux, surtout moins libéral que son nom ne semblait l'annoncer; ce parti qui se composait, en province, d'avocats bavards et médiocres, de bourgeois importants et rogues, fit un héros de Stamply mort, après l'avoir outragé vivant. Ce n'était pas qu'on se souciât de lui le moins du monde ; mais on détestait la noblesse. On le mit sur un piédestal, on lui décerna les palmes du martyre, sans se douter à quel point le pauvre homme les avait méritées. Bref, on accusa hautement madame de Vaubert de captation, et le marquis d'ingratitude ; et c'est ainsi qu'une fois, par hasard, ces petites passions et ces petites haines rencontrèrent, sans la chercher peut-être, la vérité sur leur chemin.

Cependant on touchait à l'époque fixée pour le mariage d'Hélène et de Raoul. Cette époque, encore trop éloignée au gré de M. de Vaubert, mademoiselle de La Seiglière ne la souhaitait ni ne la redoutait ; elle la voyait approcher sans impatience, mais aussi sans effroi. Quoi qu'il en coûte, on peut même affirmer qu'elle en ressentait moins de tristesse que de joie. Ses entretiens avec Stamply, la lecture des lettres de Bernard, qu'elle s'était surprise plus d'une fois à relire après la mort de son vieux camarade, l'avaient bien amenée à de vagues comparaisons qui n'étaient pas précisément à l'avantage de notre jeune baron; mais tout cela était trop confus dans son cœur et dans son esprit pour qu'elle cherchât à s'en rendre compte. C'était d'ailleurs une âme trop loyale pour entrevoir seulement l'idée qu'on pût revenir sur un engagement pris, sur une parole donnée. Fiancée de Raoul, à partir du jour où elle avait compris le sens et la portée de ce mot, la noble fille s'était regardée comme une épouse devant Dieu. Enfin, ce mariage agréait au marquis; Raoul cachait sa nullité sous un fin vernis de grâce et d'élégance; il ne manquait ni des séductions de son âge ni des qualités chevaleresques de sa race, et, pour tout dire, madame de Vaubert, qui veillait au grain, ne manquait jamais, dans l'occasion, de lui prêter l'esprit qu'il n'avait pas. Tout allait pour le mieux, rien ne semblait devoir troubler le cours de ces prospérités, lorsqu'un évènement inattendu vint se jeter à la traverse.

On célébrait du même coup au château la fête du roi, le troisième anniversaire de la rentrée du marquis dans ses terres, et les fiançailles de Raoul et d'Hélène. Cette triple solennité avait attiré toute la haute noblesse de la ville et des alentours. A la nuit tombante, le château et le parc s'illuminèrent, un feu d'artifice fut tiré sur le plateau de la colline; puis le bal s'ouvrit dans les salons, tandis qu'au dehors villageois et villageoises sautaient sous la ramée, au son de la cornemuse. Madame de Vaubert, qui touchait au but de ses ambitions, ne cherchait pas à dissimuler la satisfaction qu'elle éprouvait. La seule présence de mademoiselle de La Seiglière justifiait suffisamment l'orgueil et le bonheur qui rayonnaient, comme une double auréole, sur le front de Raoul. Quant au marquis, il ne se sentait pas de joie. Chaque fois qu'il se mettait au balcon, ses vassaux faisaient retentir l'air des cris de *vive notre maître! vive notre seigneur!* mille fois répétés avec un enthousiasme qui prenait sa source dans le cœur de ces braves gens et dans les caves du château. Stamply était mort depuis quelques mois ; qui songeait à lui? personne, si ce n'est Hélène qui l'avait sincèrement aimé, et qui gardait pieusement sa mémoire. Ce soir-là, mademoiselle de La Seiglière était distraite, rêveuse, préoccupée. Pourquoi? elle-même n'aurait pu le dire. Elle aimait son fiancé, du moins elle croyait l'aimer. Elle avait grâce et beauté, amour et jeunesse, noblesse et fortune : tout n'était autour d'elle que doux regards et frais sourires; la vie ne semblait lui promettre que caresses et enchantements. Pourquoi ce jeune sein oppressé et ces beaux yeux voilés de tristesse? Organisation fine et déliée, nature délicate et nerveuse, comme les fleurs à l'approche de l'orage, frissonnait-elle sous le pressentiment de sa destinée?

Ce même soir, un cavalier, à qui nul ne songeait, suivait la rive droite du Clain. Arrivé à Poitiers depuis moins d'une heure, il n'avait pris que le temps de se faire seller un cheval, et il était parti au galop, en remontant le cours de la rivière. La nuit était noire, sans lune et sans étoiles. Au détour du sentier, en découvrant le château de La Seiglière, dont la façade illuminée courait en lignes étincelantes sur le fond assombri du ciel, il arrêta court son cheval sous la brusque pression du mors. En cet instant, une gerbe de feu sillonna l'horizon, s'épanouit dans les nuages et tomba en pluie d'or, d'améthistes et d'émeraudes sur les tours et les campaniles. Comme un voyageur hésitant qui ne reconnaît plus son chemin, le cavalier promena autour de lui un regard inquiet; puis, sûr de ne s'être pas trompé, il rendit la bride et continua sa route. Il mit pied à terre à la porte du parc, et, laissant sa monture à la grille, il entra juste au moment où la foule champêtre, dans un paroxysme d'enthousiasme et d'amour, mêlait les cris de *vive le roi!* à ceux de *vive le marquis!* Toutes les fenêtres étaient encadrées de feuillage et décorées de transparents; le plus remarquable, chef-d'œuvre d'un artiste du cru, offrait aux yeux ravis l'auguste tête de Louis XVIII, sur laquelle deux divinités allégoriques courbaient des branches d'olivier. Au pied du perron, la musique d'un régiment en garnison à Poitiers jouait à pleins poumons l'air national de *Vive Henri-Quatre.* Doutant s'il était éveillé, observant tout et ne comprenant rien, impatient de savoir, tremblant d'interroger, l'étranger se perdit dans la fête sans être remarqué de personne. Après avoir longtemps erré, comme une ombre, autour des groupes, en passant contre une des tables qu'on avait dressées dans les allées, il entendit quelques mots qui attirèrent son attention. S'étant assis au bout d'un banc, non loin de deux anciens du pays qui, tout en buvant le vin du château, s'entretenaient, d'un ton goguenard, du retour des La Seiglière et de la mort du vieux Stamply, il s'accouda sur la table, et, le front appuyé sur ses deux mains, il demeura longtemps ainsi.

Lorsqu'il s'éloigna, le parc était désert, le château silencieux, les derniers lampions achevaient de s'éteindre, et les coqs éveillaient le jour.

V

A deux jours de là, dans l'embrasure d'une fenêtre ouverte, devant un joli guéridon de porcelaine de vieux Sèvres chargé de cristaux, de vermeil et des débris d'un déjeûner mignon, M. de La Seiglière, couché plutôt qu'assis dans un fauteuil à dos mobile et à fond élastique, jouissait, en toilette de matin, de cet état de bien-être et de béatitude que procurent à coup sûr un égoïsme florissant, une santé robuste, une fortune bien assise, un caractère heureux et une facile digestion. Il s'était réveillé en belle humeur, et ne s'était jamais senti si dispos. Enveloppé d'une robe de chambre de soie à grands ramages, le menton frais rasé, l'œil vif, la bouche rose encore et souriante, le linge éblouissant, la jambe fine, le mollet rebondi, la main blanche et potelée, à demi-cachée sous une manchette de valenciennes et jouant avec une tabatière d'or enrichie d'un portrait de femme, qui ne semblait pas être celui de la marquise, le tout exhalant un doux parfum d'iris et de poudre à la maréchale, il était là, ne pensant à rien, respirant avec délices la verte senteur de ses bois,

dont l'automne commençait à rouiller
la cime, et suivant d'un regard distrait ses
chevaux couverts de housses qu'on ramenait de la promenade, lorsqu'il aperçut,
sur le pont du Clain, madame de Vaubert,
qui paraissait s'avancer dans la direction
du château. Il se leva, tendit le jarret,
s'examina des pieds à la tête, secoua du
bout des doigts les grains de tabac éparpillés sur son jabot de point d'Angleterre,
puis, s'étant penché sur le balcon, il regarda venir l'aimable visiteuse. Un esprit
tant soit peu observateur aurait reconnu
dans la sortie matinale de madame de
Vaubert, moins encore que dans sa désinvolture, l'indice certain d'un cœur violemment agité ; mais le marquis n'y prit point
garde. Lorsqu'elle entra, il lui baisa galamment la main, sans remarquer seule-

ment l'altération de ses traits et la pâleur de son visage.

— Madame la baronne, lui dit-il, vous êtes tous les jours plus jeune et plus charmante. Au train dont vous allez, encore quelques mois, et vous aurez vingt ans.

— Marquis, répliqua madame de Vaubert d'une voix brève, ce n'est point de cela qu'il s'agit. Parlons sérieusement, la chose en vaut la peine. Marquis, tout est perdu! tout, vous dis-je; la foudre est tombée sur nos têtes.

— La foudre! s'écria le marquis en montrant le ciel, qui brillait de l'azur le plus pur et du plus vif éclat.

— Oui, dit madame de Vaubert; supposez que la foudre, éclatant dans ce ciel sans nuages, réduise en poudre votre château, brûle vos fermes et consume vos moissons sur pied : vous ne supposerez rien de si invraisemblable que le coup qui vient de vous frapper. Après avoir échappé à la tempête, vous êtes menacé de sombrer au port.

M. de La Seiglière pâlit. Lorsqu'ils furent assis l'un et l'autre :

— Croyez-vous aux revenants? demanda froidement la baronne.

— Eh! Madame!... fit le marquis.

— C'est que, si vous n'y croyez pas, vous avez tort, poursuivit madame de Vaubert. Le fils Stamply, ce Bernard dont son père nous a tant de fois étourdi les oreilles, ce héros mort et enterré depuis six ans sous les glaces de la Russie...

—Eh bien? demanda M. de La Seiglière.

— Eh bien! reprit la baronne, on l'a vu hier dans le pays, on l'a vu en chair et en os, on l'a vu, ce qui s'appelle vu, et on lui a parlé, et c'est lui, c'est bien lui, c'est Bernard, Bernard Stamply, le fils de votre ancien fermier; il existe, il vit; le drôle n'est pas mort.

— Qu'est-ce que ça me fait? dit le marquis d'un ton dégagé et de l'air à la fois surpris et charmé d'un homme qui, s'étant attendu à recevoir un aérolithe sur la tête, reçoit sur le bout du nez une plume détachée de l'aile d'une mésange.

— Comment! ce que cela vous fait? s'écria madame de Vaubert. Le fils Stamply n'est pas mort, il est de retour au pays, on a constaté son identité, et vous demandez ce que cela vous fait!

—Mais sans doute, répondit M. de La Seiglière avec un naïf étonnement. Si ce garçon a des raisons d'aimer la vie, tant mieux pour lui qu'il ne soit pas en terre. Je prétends le voir ; pourquoi ne s'est-il pas déjà présenté ?

— Soyez calme, dit la baronne, il se présentera.

— Qu'il vienne ! s'écria le marquis ; on le recevra ; on aura soin de lui ; au besoin, on lui fera un sort. Je n'ai pas oublié la délicatesse des procédés du père. Le vieux Stamply a fait son devoir ; à mon tour, je ferai le mien. C'est une justice que le gars se ressente de la fortune que m'a rendue le papa. Je ne suis pas ingrat ; il ne sera pas dit qu'un La Seiglière a laissé dans la peine le fils d'un serviteur fidèle. Qu'on m'amène Bernard ; s'il hésite, qu'on le rassure ; il aura ce qu'il demandera.

— Et s'il demande tout? dit la baronne.

A ces mots, M. de La Seiglière tressaillit et se tourna vers elle d'un air effaré.

— Avez-vous lu un livre qui s'appelle le Code? demanda tranquillement madame de Vaubert.

— Jamais, répondit le marquis avec orgueil.

— Je l'ai parcouru ce matin à votre intention. Hier encore, je n'étais pas plus avancée que vous ; pour vous, je me suis faite clerc de procureur. C'est un livre de style assez sec, très goûté d'ailleurs lorsqu'il consacre nos droits, mais peu estimé quand il contrarie nos prétentions. Je doute, par exemple, que vous en aimiez beaucoup le chapitre des donations entre vifs. Lisez-le cependant, je le recommande à vos méditations.

— Madame la baronne, s'écria M. de La Seiglière en se levant avec un léger mouvement d'impatience, me direz-vous ce que tout cela signifie?

— Monsieur le marquis, répondit madame de Vaubert en se levant de son côté avec la gravité d'un docteur, cela signifie que toute donation à titre gratuit est révoquée de plein droit pour cause de survenance d'enfant légitime, même posthume, du donateur; cela signifie que Jean Stamply, du vivant de son fils, n'aurait pu disposer en votre faveur que de la moitié de ses biens, et que, n'ayant disposé du tout que dans l'hypothèse que son fils était mort, ces dispositions se trouvent anéanties ; enfin, cela signifie que vous n'êtes plus chez vous, que Bernard va vous faire assigner en restitution de titres, et qu'au premier jour, armé d'un jugement en bonne forme, ce garçon, à qui vous parliez de faire un sort, vous sommera de déguerpir et vous mettra poliment à la porte. Comprenez-vous maintenant?

M. de La Seiglière fut atterré; mais telle était son adorable ignorance des choses de la vie, qu'il passa vite de l'étonnement et de la stupeur à l'exaspération et à la révolte.

— Je ne me soucie pas mal de votre Code et de vos donations entre vifs, s'écria-t-il avec l'emportement d'un enfant mutin. Est-ce que j'entends rien à tout cela, moi? Est-ce que tout cela me regarde? Ce que je sais, c'est que je suis chez moi. Que parlez-vous d'ailleurs de donation! On me restitue ce qu'on m'a dérobé, on me rend les biens qu'on m'a pris, et cela s'appelle une donation! le mot est joli. Un La Seiglière acceptant une donation! la chose est plaisante! Comme si les La Seiglière avaient jamais rien accepté d'une autre main que la main de Dieu! Comment, ventre-saint-gris! je suis chez moi, heureux, paisible, et, parce qu'un vaurien qu'on croyait mort se permet de vivre, je devrai lui compter la fortune que m'avait volée monsieur son père! C'est le Code qui le veut ainsi! Mais ce sont donc des cannibales qui l'ont rédigé, votre code, qui se dit civil, je crois, l'impertinent! Un code d'usurpateur, qui consacre de père en fils la rapine et le brigandage! En un mot, le code Napoléon! Je reconnais là M. de Buonaparte. Il a pensé à son louveteau : c'est d'un bon père et d'un loup prévoyant.

Il parla longtemps sur ce ton, sans suite, sans liaison, au hasard, marchant à grands pas, frappant du pied le parquet, se drapant d'une façon tragi-comique avec les pans de sa robe de chambre, et répétant à chaque instant d'une voix étouffée par la colère : une donation! une donation! Madame de Vaubert eut bien de la peine à l'apaiser et à lui faire comprendre ce qui s'était passé plus d'un quart de siècle auparavant et ce qui se passait à cette heure. Elle avait jusqu'alors respecté ses illusions; mais cette fois la gravité de la situation ne permettait plus de ménagements. Elle arracha brutalement le bandeau qui lui voilait les yeux, et vainement le pauvre marquis se raidit, se débattit, et, comme un aveugle rendu subitement à la lumière des cieux, ferma douloureusement les paupières; madame de Vaubert le dompta, et, le forçant à regarder en face le soleil de l'évidence, elle l'inonda de toutes parts d'une impitoyable clarté. A voir les ébahissements de M. de La Seiglière écoutant l'impartial résumé de l'histoire de ces derniers temps, on eût dit qu'après s'être endormi sur les bords du Clain, il se réveillait en Chine, au milieu d'un groupe de bonzes, et déguisé lui-même en mandarin. Les faits rétablis et le passé nettement dessiné :

— Maintenant, ajouta la baronne avec

fermeté, il s'agit de résoudre la question de l'avenir. Le cas est périlleux; mais il n'est si mauvais pas dont on ne se puisse tirer avec un peu d'adresse et beaucoup de sang-froid. Voyons, marquis : nul doute que ce Bernard ne se présente d'un instant à l'autre, non pas en solliciteur, comme vous l'avez espéré d'abord, mais en maître, le front haut, la parole haute. Il ne manque pas de gens qui l'auront instruit de ses droits et qui lui fourniront, au besoin, le moyen de les soutenir. Supposez qu'il arrive ; comment l'allez-vous recevoir ?

— Qu'il aille à tous les diables! s'écria le marquis en éclatant comme une bombe dont on croyait la mèche éteinte.

— Pourtant, s'il se présente ?...

— S'il l'osait, Madame la baronne, je

me souviendrais qu'il n'est pas gentilhomme, et, plus heureux que Louis XIV, je n'aurais pas à jeter, comme lui, ma canne par la fenêtre.

— Vous êtes fou, marquis.

— S'il faut plaider, eh bien! nous plaiderons.

— Marquis, vous êtes un enfant.

— J'aurai pour moi le roi.

— La loi sera pour lui.

— J'y mangerai mon dernier champ, plutôt que de lui laisser un brin d'herbe.

— Marquis, vous ne plaiderez pas. Plaider! y songez-vous? mêler votre nom à des débats scandaleux! vous commettre avec la justice! et cela pour en arriver à des conclusions prévues, infaillibles, inévitables! Nous avons des ennemis; vous ne leurs donnerez pas cette joie. Vous avez un blason ; vous ne lui ferez pas cette injure.

— Mais, pour Dieu! Madame la baronne, que faire? que décider? que devenir? quel parti prendre? s'écria le marquis aux abois.

— Je vais vous le dire, répliqua madame de Vaubert avec assurance. Savez-vous l'histoire d'un colimaçon qui s'introduisit un jour étourdiment dans une ruche? Les abeilles l'empâtèrent de miel et de cire; puis, lorsqu'elles l'eurent ainsi emprisonné dans sa coquille, elles roulèrent cet hôte incommode et le poussèrent hors de leur maison. Marquis, c'est ainsi qu'il faut nous y prendre. Ce Bernard est sans doute un rustre comme l'était son père : aux grâces de son origine il doit joindre la brutalité du soldat et l'emportement du jeune homme. Enduisons-le de cire et de miel; engluons-le des pieds à la tête. Si vous l'irritez, tout est perdu; ménageons-le, voyons-le venir. Il arrivera comme un boulet de canon qui s'attend à rebondir contre un mur de granit ou d'airain ; qu'il s'enfonce et s'amortisse dans une balle de coton. Ne le heurtez pas ; gardez-vous surtout de discuter vos droits ou les siens. Défiez-vous de votre sang; vous êtes bien jeune encore ! Loin de les contrarier, flattez ses opinions ; humiliez, s'il est nécessaire, la victoire devant la défaite. L'essentiel d'abord est de l'amener doucement à s'intaller comme un hôte dans ce château. Cela fait, vous gagnez du temps ; le temps et moi, nous ferons le reste.

— Ah çà! madame la baronne, quel rôle

allons-nous jouer ici? demanda fièrement le vieux gentilhomme.

— Un grand rôle, Monsieur, un grand rôle! répondit la baronne encore plus fièrement. Nous allons combattre pour nos principes, pour nos autels et pour nos foyers ; nous allons lutter pour le droit contre l'usurpation; nous allons défendre la légitimité contre les exactions d'une légalité odieuse et tyrannique; nous allons disputer nos derniers boulevards aux envahissements d'une bourgeoisie basse et jalouse, qui nous hait et veut notre ruine. Si nous étions aux beaux temps de la chevalerie, je vous dirais de monter à cheval, d'entrer en lice, de combattre à armes courtoises, ou bien encore, enfermés dans votre château comme dans un fort, vous, nous, nos gens et nos vassaux, plutôt que d'en sortir vivants, nous nous ferions tuer sur la brèche. Malheureusement ce n'est pas d'aujourd'hui que les avocats ont remplacé les champions, et les huissiers les hérauts d'armes; et puisque nous vivons dans un temps où l'on a substitué plus que jamais le palais de justice au champ-clos, les subtilités de la loi aux inspirations du courage, force est bien aux plus nobles et aux plus vaillants d'user de la ruse en guise d'épée, de l'esprit à défaut de lance. Que voulons-nous d'ailleurs? Il n'est pas question de réduire ce garçon à la mendicité. Vous serez généreux, vous ferez bien les choses; mais en bonne conscience, un pauvre diable qui vient de passer six années dans la neige, a-t-il absolument besoin, pour se sentir mollement couché, d'être étendu tout de son long sur un million de propriétés? A présent, cher marquis, si vous avez encore des scrupules, qu'à cela ne tienne; tout cas de conscience est respectable. Allez trouver M. Bernard; passez lui, comme une bague au doigt, vos domaines. Pendant que vous y serez, pourquoi ne joindriez-vous pas à ce petit cadeau vos parchemins et armoiries? J'ai vu, ce matin, Hélène, belle, radieuse, confiante en la destinée; à son retour, elle apprendra qu'elle est ruinée de fond en comble, et qu'il ne lui reste plus que l'humble castel de Vaubert. Nous irons y vivre modestement, comme autrefois nous avons vécu dans l'exil. Au lieu de s'unir dans l'opulence, nos enfants se marieront dans la pauvreté. Nous serons la fable du pays. Plus tard, nous ferons de nos petits-fils des hobereaux, et nous vendrons nos petites-filles à la vanité de quelques manants enrichis. Cette perspective n'a rien d'alarmant : sans compter la satisfaction d'avoir incessamment sous les yeux le château de **La Seiglière**, les ombrages de ce beau parc, et **M.** Bernard chassant, vivant en liesse, menant grand train sur ses terres.

— Savez-vous, baronne, s'écria M. de La Seiglière, que vous avez le génie d'une Médicis ?

— Ingrat, j'ai le génie du cœur, répondit madame de Vaubert en souriant. Qu'est-ce que je veux ? qu'est-ce que je demande ? le bonheur des êtres que j'aime. Pour moi, je n'ai pas d'ambition. Pensez-vous que je m'effraie sérieusement, pour ma part, à l'idée de vivre avec vous, en famille, dans mon petit manoir ? Eh !

mon Dieu, je suis faite depuis longtemps à la pauvreté ; mon Raoul n'a jamais rêvé la fortune. Mais vous, votre belle Hélène, mais les enfants qui naîtront d'une union charmante, voilà, marquis, voilà ce qui m'effraie !

Ils en étaient là de ce long entretien, lorsqu'un laquais annonça qu'un inconnu, qui refusait de se nommer, demandait à parler à M. le marquis.

— C'est notre homme, dit la baronne.
— Faites entrer, dit le marquis.
—Songez bien, s'empressa d'ajouter madame de Vaubert, que tout le succès de l'entreprise dépend de cette première entrevue.

Le parquet du corridor retentit sous un

talon brusque, ferme et sonore, et presque aussitôt le personnage qu'on venait d'annoncer entra militairement, botté, éperonné, le chapeau et la cravache au poing. Quoiqu'évidemment flétri par la fatigue et par la souffrance, c'était un homme qui paraissait avoir trente ans au plus. Le front découvert, effleuré déjà par des rides précoces, les joues amaigries, l'œil enfoncé dans son orbite, la bouche mince et pâle, ombragée d'une moustache épaisse et brune, l'air franc et décidé, l'attitude fière et même un peu hautaine, il avait une de ces figures qui passent pour laides aux yeux du monde, mais que les artistes ont en général la faiblesse de trouver belles. Une redingote bleue, boutonnée jusqu'au col, pressait sa taille élancée, droite et souple. A peine entré dans ce salon qu'il

sembla reconnaître, son regard s'amollit,
et son cœur parut se troubler; mais s'étant
remis promptement d'une émotion involontaire, il s'inclina légèrement à quelques pas de la baronne, puis interpellant
le marquis :

— C'est à monsieur de La Seiglière que
j'ai l'honneur de parler? demanda-t-il avec
une politesse glacée et d'une voix qui se
ressentait encore de l'habitude du commandement.

— Vous l'avez dit, Monsieur. A mon
tour, puis-je savoir.....

— Dans un instant, Monsieur, répliqua
froidement le jeune homme; si, comme
je le suppose, c'est à madame de Vaubert
que j'ai l'honneur de m'adresser, Madame,

veuillez rester, ajouta-t-il, vous n'êtes pas de trop entre nous.

Un éclair de joie passa dans les yeux de madame de Vaubert, complètement rassurée sur le gain d'une bataille dont elle avait dressé le plan et qu'elle allait pouvoir diriger. De son côté, M. de La Seiglière respira plus à l'aise, en sentant qu'il allait manœuvrer sous les ordres d'un si grand capitaine.

— Monsieur, veuillez vous asseoir, dit-il en s'asseyant lui-même presqu'en face de la baronne.

Le jeune homme prit le siége que lui indiquait le marquis et s'y installa assez cavalièrement ; puis il se fit entre ces trois personnages un moment de ce silence solennel qui précède les engagements décisifs, quand deux armées sont en présence. Le marquis ouvrit sa boîte d'or, y plongea le pouce et l'index et se bourra le nez d'une prise de tabac d'Espagne, lentement et à petits coups, avec une grâce toute spéciale, entièrement perdue de nos jours.

— Monsieur, dit-il, je vous écoute.

Après quelques secondes de recueillement, l'étranger s'accouda sur le bras du fauteuil dans lequel il était assis, du côté du vieux gentilhomme.

— Monsieur le marquis, dit-il en élevant la voix avec autorité, voilà bientôt trente ans, de grandes choses allaient s'accomplir. La France était dans l'attente. Tous les regards se tournaient avec anxiété vers l'orient que blanchissait une nouvelle aurore ; il courait dans l'air de sourdes rumeurs qui remplissaient les âmes de joie ou d'épouvante, d'espérance ou de stupeur. Il paraît que vous n'étiez pas, monsieur, au nombre de ceux qui espéraient alors et se réjouissaient, car vous fûtes un des premiers qui abandonnèrent la patrie menacée pour fuir à l'étranger. La patrie vous rappela, c'était son devoir ; vous fûtes sourd à son appel, c'était sans doute votre bon plaisir ; elle confisqua vos biens, c'était son droit.

A ces mots, le marquis, oubliant déjà le rôle qu'il avait tacitement accepté, bondit sur son siége comme un chamois blessé; un regard de madame de Vaubert le contint.

— Ces biens, devenus la propriété de la nation, propriété légale et légitime, un de vos fermiers les acheta du prix de ses sueurs, et lorsqu'il eut bien travaillé, lorsqu'au bout de vingt-cinq années de fatigues et de labeurs, il eut recousu, pour ainsi dire, lambeaux par lambeaux, le domaine de vos ancêtres, tandis que vous, les bras croisés, vous étiez occupé là-bas à ne rien faire, si ce n'est des vœux hostiles à la gloire et à la grandeur de la France, il s'en dépouilla comme d'un manteau et vous le mit sur les épaules.

— Ventre-saint-gris! monsieur... s'écria le marquis, ne se connaissant plus.

Un second regard de madame de Vaubert l'arrêta court et le cloua muet sur place.

— Par quel enchantement cet homme, qui ne vous devait rien et ne vous aimait pas, se porta-t-il envers vous à un tel excès de générosité, d'amour et d'enthousiasme ? Comment se décida-t-il à résigner entre vos mains cette sainte propriété du travail, la seule que Dieu reconnaisse et bénisse ? Peut-être pourriez-vous me l'apprendre. Ce que je puis, moi, vous affirmer, c'est que, du vivant de son fils, cet homme ne se souciait même pas de savoir si vous existiez. Toujours est-il qu'il mourut, sans s'être réservé seulement un coin de terre pour son dernier sommeil, vous laissant paisible possesseur d'une fortune qui ne vous avait coûté d'autre peine que d'ouvrir la main pour la recevoir.

Le marquis allait répliquer, quand la

baronne lui coupa, ou, pour mieux dire, lui souffla la parole.

— Puisque vous m'avez permis d'assister à cet entretien, dit-elle de sa plus douce voix, avec un ton d'exquise urbanité, souffrez, monsieur, que j'y prenne part. Je n'essaierai point de relever ce que quelques-unes de vos expressions ont eu pour nous de cruel et de blessant. Vous êtes jeune ; cette nouvelle aurore dont vous parlez, si vous l'aviez vue poindre, vous sauriez, comme nous, que ce fut une aurore de sang. Quant aux reproches que vous nous adressez d'avoir déserté le sol de la France et d'être demeurés sourds à l'appel de la patrie, il nous est permis d'en sourire. Si l'on venait vous dire que ce château menace ruine, si ce parquet tremblait sous vos pieds, et que ce plafond, près de s'effondrer, criât et craquât sur nos têtes, resteriez-vous assis tranquillement dans ce fauteuil? Si le bourreau, la hache derrière le dos, vous appelait d'une voix pateline, vous empresseriez-vous d'accourir? Laissons-là ces enfantillages. Encore un mot pourtant. Vous nous accusez d'avoir formé, au fond de l'exil, des vœux hostiles à la gloire et à la grandeur du pays. C'est une erreur, monsieur. Nous nous voyons pour la première fois ; nous ne savons ni qui vous êtes ni quel intérêt vous amène ; seulement nous sentons que vous ne nous êtes pas ami, et la distinction de votre personne nous fait une loi de chercher à forcer votre estime, à défaut de vos sympathies. Croyez qu'il s'est rencontré dans ces rangs de l'émigration, trop calomniés peut-être, de nobles cœurs, demeurés français sur la terre étrangère. Vainement la patrie nous avait rejetés de son sein; nous l'avions emportée dans le nôtre. Demandez au marquis si nos vœux l'ont suivie, cette patrie ingrate et chère, dans toutes ses campagnes et sur tous ses champs de bataille? qu'il vous dise s'il est un de ses triomphes qui n'ait éveillé d'orgueilleux échos dans nos âmes? Rocroi n'exclut point Austerlitz ; Bouvines et Marengo sont sœurs. Ce n'est pas le même drapeau; mais c'est toujours la France victorieuse.

— Très bien, très bien, dit le marquis en ouvrant sa tabatière.

Et, tout en portant à son nez une pincée de poudre brune : — Décidément, ajouta-t-il mentalement, la baronne a le diable au corps.

— Et maintenant, reprit madame de Vaubert, ce petit compte une fois réglé, si vous n'êtes venu que pour nous rappeler ce que l'on doit ici à la mémoire du meilleur des hommes, si c'est à cela seulement que se borne votre mission, j'ajouterai, Monsieur, que c'est sans doute une noble tâche, mais que, nos dettes étant payées, vous avez pris une peine inutile. Enfin, si vous tenez à savoir par quel enchantement M. Stamply s'est décidé à réintégrer dans ce domaine une famille qui de tout temps avait comblé ses pères de bontés, je vous dirai qu'il n'a fait qu'obéir aux pieux instincts de sa belle âme. Vous affirmez que, du vivant de son fils, M. Stamply ne se souciait même pas de savoir si cette famille existait; je crois, Monsieur, que vous calomniez sa mémoire. Si son fils revenait parmi nous...

— Si son fils revenait parmi vous! s'écria l'étranger, en retenant un mouvement de sombre colère. Supposons qu'il revienne en effet; supposons que ce jeune homme n'ait pas été tué, comme on l'a cru, comme on le croit encore; supposons que, laissé pour mort sur un champ de bataille, ramassé vivant par l'armée ennemie, il se soit vu traîné de steppe en steppe jusqu'au fond de la Sibérie. Après six ans d'une horrible captivité, sur un sol de glace et sous un ciel de fer, libre enfin, il va revoir sa patrie et son vieux père, qui ne l'attend plus. Il part, il traverse à pied les plaines désolées, mendiant gaiement son pain sur sa route, car la France est au bout, et déjà, mirage enchanté, il croit apercevoir le toit paternel fumant au lointain horizon. Il arrive; son vieux père est mort, son héritage est envahi, il n'a plus ni toit ni foyer. Que fait-il ? Il s'informe, et bientôt il apprend qu'on a profité de son éloignement pour capter l'affection d'un pauvre vieillard crédule et sans défense; il apprend qu'après l'avoir amené, à force de ruses, à se déposséder, on a payé ses bienfaits de la plus noire ingratitude ; il apprend enfin que son père est mort, plus seul, plus triste et plus abandonné qu'il n'avait vécu. Que fera-t-il alors ? Ce ne sont toujours que des suppositions. Il ira trouver les auteurs de ces basses manœuvres et de ces lâches machinations; il leur dira : C'est moi, moi que vous croyiez mort, moi le fils de l'homme que vous avez abusé, dépouillé, trahi, laissé mourir d'ennui et de chagrin, c'est moi, Bernard Stamply! Eux, que répondraient-ils? Je vous le demande, monsieur le marquis; je vous le demande, madame la baronne?

— Ce qu'ils répondraient! s'écria M. de La Seiglière, qui, ayant trop ou trop peu présumé de lui-même en acceptant le rôle que lui avait confié madame de Vaubert, venait de sentir tout son sang de patricien lui monter indigné à la face, vous demandez ce qu'ils répondraient!... ajouta-t-il d'une voix étranglée par l'orgueil et par le courroux.

— Quoi de plus simple, Monsieur? dit madame de Vaubert avec une naïveté charmante. Ils lui diraient : — Est-ce vous, jeune ami que nous avons aimé sans vous connaître, que nous avons pleuré comme si nous vous avions connu ? Que béni soit Dieu qui nous rend le fils pour nous consoler de la perte du père ! Venez vivre au milieu de nous, venez vous reposer au sein de nos tendresses des souffrances de la captivité, venez prendre dans notre intimité la place que votre père y occupa trop peu de temps, hélas ! enfin venez juger par vous-même de quelle façon nous pratiquons l'oubli des bienfaits. Confondons nos droits, ne formons qu'une même famille, et que la calomnie, en voyant l'union de nos âmes, soit réduite au silence et respecte notre bonheur. — Voilà, Monsieur, ce que répondraient les auteurs de ces basses manœuvres et de ces lâches trahisons ;

mais, dites, monsieur, parlez, ajouta madame de Vaubert avec émotion : ne comprenez-vous pas qu'en pensant nous effrayer peut-être, vous avez éveillé en nous presqu'un espoir? Ce jeune ami que nous avons pleuré...

— Il vit, répondit l'étranger, et je souhaite pour vous que ce jeune ami ne vous coûte pas plus de larmes que le bruit de sa mort ne vous en a fait verser.

— Où est-il? que fait-il? qu'attend-il? pourquoi ne vient-il pas? demanda coup sur coup la baronne.

— Il est devant vous, répondit simplement Bernard.

— Vous, Monsieur, vous! s'écria madame de Vaubert avec une explosion de joie et de surprise qui n'aurait pas été mieux jouée, s'il se fût agi de la résurrection de Raoul. En effet, ajouta-t-elle en attachant sur lui un regard attendri, ce sont tous les traits de son père; c'en est surtout l'air franc, loyal et bon. — Marquis, vous le voyez, c'est bien le fils de notre vieil ami.

— Monsieur, dit à son tour M. de La Seiglière, fasciné par le regard de la baronne moins encore que par l'abîme entr'ouvert sous ses pieds, mais trop fier encore et trop gentilhomme pour s'abaisser à feindre des transports qu'il n'éprouvait pas;—lorsqu'après vingt-cinq ans d'exil je rentrai dans le domaine de mes aïeux, monsieur votre père, qui était un brave homme, me reçut à la porte du parc et me tint ce simple discours: Monsieur le marquis, vous êtes chez vous. Je ne vous en dirai pas davantage, vous êtes chez vous, monsieur Bernard. Veuillez donc regarder cette maison comme vôtre; je ne dois pas souffrir, je ne souffrirai pas que vous en habitiez une autre. Vous êtes arrivé avec des intentions hostiles, je ne désespère pas de vous ramener bientôt à des sentiments meilleurs. Commençons par nous connaître, peut-être finirons-nous par nous aimer. La chose me sera facile; si vous n'y réussissez pas, il ne sera jamais trop tard pour entrer en accommodement, et vous me trouverez toujours disposé à prendre avec vous les arrangements qui pourront vous être agréables.

— Monsieur, répondit Bernard avec hauteur, je ne veux ni vous connaître ni vous aimer. Entre vous et moi il n'y a rien de commun, rien de commun ne saurait existér. Nous ne servons pas le même Dieu ; nous ne desservons pas le même autel. Vous haïssez ce que j'adore, et j'adore ce que vous haïssez. Je hais votre parti, votre caste, vos opinions ; je vous hais, vous, personnellement. Nous dormirions mal sous le même toit. Vous serez toujours disposé, dites-vous, à prendre avec moi les arrangements qui pourront m'agréer ; je n'attends rien de votre bonté, n'attendez rien de la mienne. Je ne sais qu'un arrangement possible entre nous : c'est celui qu'a prévu la loi. Vous n'êtes ici qu'à titre de donataire. Le donateur n'ayant disposé de ses biens qu'avec la conviction que son fils était mort, l'acte de donation en fait foi,— puisque je vis, vous n'êtes plus chez vous, je suis ici chez moi.

— *That is the question*, fredonna M. de la Seiglière, résumant ainsi en trois mots tout ce qu'il savait de Shakspeare.

— Ah! s'écria madame de Vaubert avec la tristesse d'une espérance déçue, vous n'êtes pas Bernard; vous n'êtes pas le fils de notre vieil ami!

— Madame la baronne, répliqua brusquement le jeune homme, je ne suis qu'un soldat. Ma jeunesse a commencé dans les camps; elle a fini chez les barbares, au milieu des steppes arides. Les champs de bataille et les huttes glacées du Nord, tels ont été jusqu'à présent les salons que j'ai fréquentés. Je ne sais rien du monde; voilà deux jours, je n'en soupçonnais même pas les détours et les perfidies. Je crois naturellement, sans effort, à l'honneur, à la franchise, au dévoûment, à la loyauté, à tous les grands et beaux instincts de l'âme. Eh bien! quoiqu'à cette heure encore mon cœur indigné s'efforce de douter que la ruse, l'astuce et la duplicité puissent être poussées si loin, je ne crois pas, Madame, à votre sincérité.

— Eh! Monsieur, s'écria madame de Vaubert, vous n'êtes pas le premier noble cœur qui ait cédé aux suggestions des méchants et dont la calomnie ait flétri les saintes croyances ; mais encore, avant de se décider à la haine, faudrait-il s'assurer qu'on ne doit pas, qu'on ne peut pas aimer.

— Tenez, Madame, dit Bernard pour

en finir, vous devriez comprendre que plus vous déploierez d'habileté, moins vous réussirez à me convaincre. Je conçois maintenant que mon pauvre père se soit laissé prendre à tant de séductions ; il y a eu des des instants où vous m'avez fait peur.

— C'est bien de l'honneur pour moi, s'écria madame de Vaubert en riant ; vous n'en avez jamais tant dit des boulets ennemis et des baïonnettes étrangères.

— Oui, oui, ajouta le marquis, on sait que vous êtes un héros.

— Engagé volontaire à dix-huit ans, **dit** la baronne.

— Lieutenant de hussards à dix-neuf, dit le marquis.

— Chef d'escadron trois ans plus tard.

—Remarqué par l'empereur à Wagram.

— Décoré de la main du grand homme après l'affaire de Volontina, s'écria madame de Vaubert.

—Ah ! il n'y a pas à dire, ajouta le marquis en enfonçant résolument ses mains dans les goussets de sa culotte ; il faut reconnaître que c'étaient des gaillards.

— Brisons là, dit Bernard, un instant interdit. Monsieur le marquis, je vous donne huit jours pour évacuer la place. Je veux espérer, pour votre réputation de gentilhomme, que vous ne me mettrez pas dans la pénible nécessité de recourir à l'intervention de la justice.

— Eh bien! moi, j'aime ce garçon! s'écria franchement le marquis, emporté malgré lui par son aimable et léger caractère, sans être retenu cette fois par madame de Vaubert, qui, comprenant qu'il allait au but, lâcha la bride, et lui permit de caracoler en liberté; eh bien! ventre-saint-gris! ce garçon me plaît. Madame la baronne, je vous jure qu'il est charmant. Jeune homme, vous resterez ici. Nous nous haïrons, nous nous exécrerons, nous plaiderons, nous ferons le diable à quatre; mais, vive Dieu! nous ne nous quitterons pas. Vous savez l'histoire de ces deux frégates ennemies qui se rencontrèrent en plein océan? L'une manquait de poudre ; l'autre lui en donna, et toutes deux, après s'être canonnées pendant deux heures, se coulèrent bas l'une l'autre. Ainsi ferons-nous. Vous arrivez de Sibérie; je présume qu'en vous laissant partir, les Tartares, de peur d'alourdir votre pas et de retarder votre marche, ne vous ont point chargé de roubles. Vous manquez de poudre, je vous en donnerai. Je vous promets de l'agrément. Tandis que nos avoués, nos avocats et nos huissiers s'enverront, pour nous, des bombes et des obus, nous chasserons le renard, nous vivrons en joie et nous boirons le vin de nos caves. Je serai chez vous, et vous serez chez moi. Comme il n'est pas de procès bien mené qui ne puisse durer vingt ans, nous aurons le loisir de nous connaître et de nous apprécier; nous en viendrons peut-être à nous aimer, et le jour où nous découvrirons que notre château, notre parc, nos bois, nos champs, nos prés, nos fermes et nos métairies auront passé en frais de justice, ce jour-là, qui sait? nous nous embrasserons.

— Monsieur le marquis, répondit Bernard qui n'avait pu s'empêcher de sourire, je vois avec plaisir que vous prenez gaîment les choses; de votre côté, trouvez bon que je les traite plus sérieusement. Il n'est pas un coin de ces terres que mon père n'ait arrosé de ses sueurs et aussi de ses larmes; il ne convient pas que j'en fasse le théâtre d'une comédie.

A ces mots, après avoir salué froidement, il se dirigea vers la porte. Le marquis fit un geste de désespoir résigné, et madame de Vaubert poussa dans son cœur un rugissement de lionne qui vient de laisser échapper sa proie. Bernard eût emporté le domaine de La Seiglière dans ses poches, que ces deux visages n'auraient pas exprimé plus de consternation. Encore un pas, et tout était dit, lorsqu'au moment où Bernard allait ouvrir la porte du salon, cette porte s'ouvrit d'elle-même, et mademoiselle de La Seiglière entra.

VI

Mademoiselle de La Seiglière entra, simplement vêtue, mais royalement parée de sa blonde et blanche beauté. Opulemment tordus derrière la tête, ses cheveux encadraient de nattes et de tresses d'or son visage, que coloraient encore l'animation de la marche et les chauds baisers du soleil. Ses yeux noirs brillaient de cette douce flamme, rayonnement des âmes virginales, qui éclaire et ne brûle pas. Une ceinture bleue, à bouts flottants, rassemblait et serrait autour de sa taille les mille plis d'une robe de mousseline qui enveloppait tout entier son corps élégant et flexible. Un brodequin de coutil vert faisait ressortir la cambrure aristocratique de son pied mince, étroit et long. Un bouquet de fleurs des champs décorait son jeune corsage. Après avoir jeté négligemment sur un fauteuil son chapeau de paille d'Italie, son ombrelle de moire grise, et une touffe de bruyères roses qu'elle venait de cueillir dans une promenade sur la pente des coteaux voisins, elle courut, svelte et légère, à son père d'abord, qu'elle n'avait pas vu de la journée, puis à madame de Vaubert, qui l'embrassa avec effusion. Ce ne fut qu'au bout de quelques instants, en s'échappant des bras de la baronne, qu'Hélène s'aperçut de la présence d'un étranger. Soit embarras, soit curiosité, soit surprise de l'âme et des sens, Bernard s'était arrêté près de la porte, devant l'apparition de cette suave créature, et il était là, debout, immobile, en muette contemplation, se demandant sans doute depuis quand les gazelles vivaient fraternellement avec les renards, et les colombes avec les vautours. Le regard est prompt comme l'éclair; la pensée est plus rapide encore. En moins d'une seconde, madame de Vaubert eut tout vu, tout compris : sa figure s'éclaircit, son front s'illumina.

— Tu ne reconnais pas monsieur? demanda le marquis à sa fille.

Après avoir examiné Bernard d'un regard inquiet et curieux, Hélène ne répondit que par un mouvement de sa blonde tête.

— C'est pourtant un de tes amis ajouta le vieux gentilhomme.

Sur un geste de son père, demi-troublée, demi-souriante, mademoiselle de La Seiglière s'avança vers Bernard. Quand cet homme, qui n'avait eu jusqu'à présent aucune révélation de la grâce et de la beauté, et dont la jeunesse, ainsi qu'il l'avait dit lui-même, s'était écoulée dans les camps et chez les barbares, vit venir à lui cette belle et gracieuse enfant, la candeur au front et le sourire sur les lèvres, lui qui vingt fois avait vu la mort sans pâlir, il sentit son cœur défaillir, et ses tempes se mouillèrent d'une sueur froide.

— Mademoiselle, dit-il d'une voix altérée, vous me voyez pour la première fois. Cependant, si vous avez connu un infortuné qui s'appela Stamply sur la terre, je ne vous suis pas tout à fait étranger, car vous avez connu mon père.

A ces mots, Hélène attacha sur lui deux grands yeux de biche effarée ; puis elle regarda tour à tour le marquis et madame de Vaubert, qui contemplaient cette scène d'un air attendri.

—C'est le petit Bernard, dit le marquis.

— Oui, chère enfant, ajouta la baronne, c'est le fils du bon M. Stamply.

— Monsieur, dit enfin mademoiselle de
La Seiglière avec émotion, mon père a eu
raison de me demander si je vous reconnaissais. J'ai tant de fois entendu parler
de vous, qu'il me semble à présent que
j'aurais dû vous reconnaître en effet. Vous
vivez! c'est une joie pour nous; voyez,
j'en suis toute tremblante. Et pourtant,
joyeuse que je suis, je ne puis penser sans
tristesse à votre père, qui a quitté ce monde avec l'espoir de vous retrouver dans
l'autre; le ciel a donc aussi ses douleurs
et ses déceptions. Oui, mon père a dit vrai,
vous êtes de mes amis. Vous le voulez,
monsieur? M. Stamply m'aimait et je l'aimais aussi. Il était mon vieux compagnon.
Avec lui, je parlais de vous; avec vous,
je parlerai de lui. — Mon père, a-t-on
fait préparer l'appartement de M. Ber-

nard? — car vous êtes ici chez vous.

— Ah bien! oui, s'écria le marquis! un enragé qui aimerait mieux s'aller loger sous le pont du Clain que d'habiter et de vivre au milieu de nous!

— Ainsi, monsieur, reprit Hélène d'un ton de doux reproche, lorsque je suis entrée, vous vous éloigniez! vous partiez! vous nous fuyiez! Heureusement, c'est impossible.

— Impossible! s'écria le marquis; on voit bien que tu ne sais pas d'où il vient. Tel que tu le vois, monsieur arrive de Sibérie. La fréquentation des Kalmouks l'a rendu difficile sur la qualité de ses relations et sur le choix de ses amitiés. Cela se conçoit, il ne faut pas lui en vouloir. Et puis, il nous hait, ce garçon ; ce n'est pas sa faute. Pourquoi nous hait-il ? Il n'en sait rien, ni moi non plus ; mais il nous hait, c'est plus fort que lui. On n'est pas maître de ses sentiments.

— Vous nous haïssez, monsieur ! J'aimais votre père, vous haïssez le mien ! Vous me haïssez, moi ! Que vous avons-nous fait ? demanda mademoiselle de La Seiglière d'une voix qui eût amolli un cœur d'airain et désarmé le courroux d'un Scythe. Monsieur, nous n'avons pas mérité votre haine.

— Qu'est-ce que cela fait, dit le marquis, si c'est son goût de nous haïr ? Tous les goûts sont dans la nature. Il prétend que ce parquet lui brûle les pieds, et qu'il lui serait impossible de fermer l'œil sous ce toit. Voilà ce que c'est que d'avoir dormi sûr des peaux de rennes et vécu dans six pieds de neige. Rien ne vous flatte plus, et tout paraît terne et désenchanté.

Par une intuition rapide, Hélène crut comprendre ce qui se passait dans le cœur et dans l'esprit de ce jeune homme. Elle comprit qu'en restituant les biens de ses maîtres, le vieux Stamply avait dépouillé son fils, et que celui-ci, victime de la probité de son père, refusait par orgueil d'en recevoir le prix. Dès-lors, par délicatesse autant que par devoir, elle redoubla de grâce et d'insistance, jusqu'à se départir de sa réserve habituelle, pour lui faire oublier tout ce que sa position comportait de pénible, de difficile et de périlleux.

— Monsieur, reprit-elle d'un ton d'autorité caressante, vous ne partirez pas. Puisque vous refusez d'être notre hôte, vous serez notre prisonnier. Comment avez-vous pu seulement aborder l'idée que nous vous permettrions de vivre autre part qu'au milieu de nous ? Que penserait le monde ? que diraient nos amis ? Vous ne voudriez pas du même coup affliger nos cœurs et porter atteinte à notre renommée. Songez donc, monsieur, qu'il ne s'agit ici ni d'hospitalité à offrir ni d'hospitalité à recevoir. Nous devons trop à votre père, ajouta l'aimable fille qui n'en savait rien, mais qui, croyant entrevoir que Bernard hésitait par fierté, voulait ménager ses susceptibilités et faire, pour ainsi dire, un pont d'or à son orgueil, — nous devons trop à votre père pour que vous puissiez nous devoir quelque chose. Nous n'avons rien à vous donner; il ne nous reste qu'à rendre d'une main ce que nous avons reçu de l'autre. Vous accepterez, pour ne pas nous humilier.

— Accepter, lui! s'écria le marquis; il s'en gardera, par Dieu, bien. Nous humilier, c'est ce qu'il veut. Tu ne le connais pas : il aimerait mieux se couper le poignet que de mettre sa main dans la nôtre.

La jeune fille déganta sa main droite et la tendit loyalement à Bernard,

— Est-ce vrai, monsieur? lui dit-elle.

En sentant entre ses doigts brunis par les travaux de la guerre et durcis par les labeurs de la captivité cette peau moite, fine et satinée, Bernard pâlit et tressaillit. Ses yeux se voilèrent, ses jambes se dérobèrent sous lui. Il voulut parler; sa voix expira sur ses lèvres.

— Vous nous haïssez? dit Hélène; c'est une raison de plus pour que vous restiez. Il nous importe surtout que vous ne nous haïssiez pas; il y va de notre gloire et de notre honneur. Souffrez d'abord que nous tâchions de vous apprendre à nous connaître. Quand nous y aurons réussi, alors, monsieur, vous partirez si vous vous en sentez le courage; mais d'ici là, je vous le répète, vous êtes en notre pouvoir. Vous avez été six ans le prisonnier des Russes;

vous pouvez bien être un peu le nôtre. C'est donc une perspective si effrayante que celle de se sentir aimé? Au nom de votre père, qui m'appelait parfois son enfant, vous resterez, je le veux, je l'exige ; au besoin, je vous en prie.

— Elle est charmante ! s'écria madame de Vaubert avec attendrissement.

Elle ajouta tout bas :

— Il est perdu !

Et c'était vrai, Bernard était perdu. L'histoire de ses variations peut se résumer aisément. Ulcéré par le malheur, justement irrité par les poignantes déceptions du retour, exaspéré par la rumeur publique, brûlant de toutes les passions et de toutes les ardeurs politiques du temps, haïssant d'instinct la noblesse, impatient de venger son père, il se présente au château de La Seiglière, sa haine appuyée sur son droit, le cœur et la tête remplis d'orages et de tempêtes, s'attendant à rencontrer une résistance orgueilleuse, pressentant des prétentions altières, des préjugés hautains, une morgue insolente, et se préparant à broyer tout cela sous l'ouragan de sa colère. Tout d'abord, il manque son effet; sa haine avorte, sa colère échoue. L'ouragan qui voulait des chênes à briser ne courbe que des roseaux et va se perdre dans les hautes herbes; la foudre qui comptait bondir de roc en roc et d'écho en écho s'éteint sans bruit dans la vallée, où elle n'éveille que de suaves mélodies. Bernard cherche des ennemis, il ne trouve que des flatteurs. Il essaie encore de loin en loin de lâcher quelques bordées ; on lui renvoie ses boulets changés en sucre. Toutefois, échappant aux enchantements d'une Armide émérite, il va se retirer après avoir signifié sa volonté inexorable, lorsqu'apparaît une autre enchanteresse, d'autant plus séduisante, qu'elle ne songe pas à séduire. Puissance irrésistible, charme éternel et toujours vainqueur, éloquence divine de la jeunesse et de la beauté ! Elle n'a fait que paraître, Bernard est ébranlé. Elle a souri, Bernard est désarmé. C'est une enfant que Dieu doit contempler avec amour. Son front respire la candeur, sa bouche la sincérité ; au fond de son regard limpide, on peut voir son âme épanouie comme une belle fleur sous la transparence des eaux. Jamais le mensonge n'a flétri ces lèvres, jamais la ruse n'a faussé le

rayon de ces yeux. Elle parle, et, sans le
savoir, l'ange se fait complice du démon.
Elle ne dit rien, non-seulement qui contrarie, mais encore qui ne confirme ce qui
s'est dit précédemment; il n'est pas une
parole d'Hélène qui ne vienne à l'appui
d'une parole de madame de Vaubert. La
vérité a des accents vainqueurs que l'âme
la plus défiante ne saurait méconnaître.
C'est la vérité, c'est bien elle qui parle par
la voix d'Hélène ; cependant, si Hélène est
sincère, madame de Vaubert est sincère, elle
aussi? Bernard hésite. Si c'étaient là pourtant de nobles cœurs calomniés par l'envie ? S'il avait plu à son père d'acheter au
prix de toute sa fortune quelques années
de joie, de paix et de bonheur, est-ce Bernard qui oserait s'en plaindre? Oserait-il
révoquer un don volontaire et spontané,

légitimé par la reconnaissance? Chasserait-il impitoyablement les êtres auxquels son père aurait dû de vivre entouré de soins et de s'éteindre entre des bras amis?

Il en était là de ces réflexions, moins nettes pourtant dans son esprit, moins arrêtées et moins précises que nous ne venons de les exprimer, quand madame de Vaubert, qui s'était approchée de lui, profita d'un instant où mademoiselle de La Seiglière échangeait quelques paroles avec le marquis, pour lui dire :

— Eh bien! Monsieur, à présent vous les connaissez tous, les auteurs de ces lâches manœuvres que vous signaliez tout à l'heure. Que n'accablez-vous aussi cette enfant de vos mépris et de vos colères? Vous voyez bien qu'elle a trempé dans le complot infâme, et qu'après avoir travaillé à la ruine de votre père, elle s'est entendue avec nous pour le laisser mourir de chagrin.

A ces paroles de madame de Vaubert, Bernard frissonna, comme s'il sentait un serpent s'enrouler autour de ses jambes ; mais presque aussitôt mademoiselle de La Seiglière revenant à lui :

— Monsieur, dit-elle, la mort de votre père m'a laissé vis-à-vis de vous des devoirs sérieux à remplir. Je l'ai assisté à son heure suprême ; j'ai reçu ses derniers adieux, j'ai recueilli son dernier soupir. C'est comme un dépôt sacré qui doit passer de mon cœur dans le vôtre. Venez, peut-être vous sera-t-il doux d'entendre parler de celui qui n'est plus, le long de de ces allées qu'il aimait et qui sont encore toutes remplies de son image.

Ainsi parlant, mademoiselle de La Seiglière avait appuyé sa main sur le bras de Bernard, qu'elle emmena comme un enfant. Lorsqu'ils se furent éloignés, le marquis se jeta dans un fauteuil, et, libre enfin de toute contrainte, il laissa déborder les flots de colère et d'indignation qui l'étouffaient depuis plus d'une heure. Il y avait en lui deux sentiments ennemis, qui se combattaient avec acharnement, tour à tour vaincus et vainqueurs, l'égoïsme et l'orgueil de la race. Décidément l'égoïsme était le plus fort; mais il ne pouvait triompher sans que l'orgueil vaincu ne poussât aussitôt des cris de blaireau pris au piège. En présence de Bernard, l'égoïsme l'avait emporté ; Bernard parti, l'orgueil irrité s'arracha violemment aux étreintes de son rival et reprit bravement le dessus. Il y eut encore une scène de révoltes et d'emportements qui fut tout ce qu'il est possible d'imaginer en ce genre de plus puéril et de plus charmant : qu'on se représente la grâce pétulante d'un poulain échappé, franchissant haies et barrières, et bondissant sur les vertes pelouses. Ce ne fut pas sans de nouveaux efforts que madame de Vaubert parvint à le ressaisir, à le ramener et à le maintenir dans le vrai de la situation.

— Voyons, marquis, dit-elle après l'avoir longtemps écouté avec une pitié souriante, cessons ces enfantillages. Vous aurez beau vous mutiner, vous ne changerez rien aux faits accomplis. Ce qui est fait est fait. A vouloir le contraire, Dieu lui-même perdrait sa puissance.

— Comment! s'écria le marquis; un drôle dont le père a labouré mes champs et dont j'ai vu la mère apporter ici, chaque matin, pendant dix ans, le lait de ses vaches, viendra m'insulter chez moi, et je n'y pourrai rien! Non-seulement je ne le ferai pas jeter à la porte par mes laquais, mais encore je devrai l'héberger, le fêter, lui sourire et lui mettre ma fille au bras! Un va-nu-pieds qui trente ans plus tôt se fût estimé trop heureux de panser mes chevaux et de les conduire à l'abreuvoir! Avez-vous entendu avec quelle emphase ce fils de bouvier a parlé des sueurs de son père? Quand ils ont dit cela, ils ont tout dit. La

sueur du peuple! la sueur de leurs pères!
Les impertinents et les sots! Comme si
leurs pères avaient inventé la sueur et le
travail! S'imaginent-ils donc que nos pères
ne suaient pas, eux aussi? Pensent-ils
qu'on suait moins sous le haubert que sous
le sarrau? Cela m'indigne, madame la baronne, de voir les prétentions de cette
canaille qui se figure qu'elle seule travaille
et souffre, tandis que les grandes familles
n'ont qu'à ouvrir les deux mains pour
prendre des châteaux et des terres. Et comment trouvez-vous ce hussard qui vient
revendiquer un million de propriétés,
sous prétexte que son père a sué? Voilà
les gens qui nous reprochent l'orgueil et
la vanité des ancêtres! Celui-ci réclame
insolemment le prix de la sueur de son
père, puis il s'étonnera que je tienne au

prix du sang de vingt de mes aïeux !

— Eh ! mon Dieu, marquis, vous avez cent fois raison, répliqua madame de Vaubert. Vous avez pour vous le droit ; qui le nie et qui le conteste ? Malheureusement ce hussard a pour lui la loi, la loi mesquine, taquine, hargneuse, bourgeoise en un mot. Encore une fois, vous n'êtes plus chez vous, et ce drôle est ici chez lui ; c'est là ce qu'il vous faut comprendre.

— Eh bien ! madame la baronne, s'écria M. de La Seiglière, s'il en est ainsi, mieux vaut la ruine que la honte, mieux vaut abdiquer sa fortune que son honneur. L'exil ne m'effraie pas ; j'en connais le chemin. Je partirai, je m'expatrierai une dernière fois. Je perdrai mes biens, mais je garderai mon nom sans tache. Ma vengeance est toute prête : il n'y aura plus de La Seiglière en France !

— Eh ! mon pauvre marquis, la France s'en passera.

— Ventre-saint-gris, madame la baronne ! s'écria le marquis rouge comme un coquelicot. Savez-vous ce que dit un jour à son petit lever le roi Louis XIV, en apercevant mon trisaïeul au milieu des gentilshommes de sa cour ? « Marquis de La Seiglière, dit le roi Louis en lui frappant affectueusement sur l'épaule.....

— Marquis de La Seiglière, je vous dis, moi, que vous ne partirez pas, s'écria madame de Vaubert avec fermeté. Vous ne faillirez point du même coup à ce que vous devez à vos aïeux, à ce que vous devez à votre fille, à ce que vous vous devez à vous-même. Vous n'abandonnerez pas lâchement l'héritage de vos ancêtres. Vous resterez, précisément parce qu'il y va de votre honneur. D'ailleurs on ne s'exile plus à notre âge. C'était bon dans la jeunesse, alors que nous avions devant nous l'avenir et un long espoir. Et pourquoi donc partir? ajouta-t-elle d'un air belliqueux. Depuis quand attend-on, pour lever le siège, que la place soit près de se rendre? Depuis quand bat-on en retraite, quand on est sûr de la victoire? Depuis quand quitte-t-on la partie, lorsqu'on est près de la gagner? Nous triomphons, ne le sentez-vous pas ? Que ce Bernard passe seulement la nuit au château, et demain je réponds du reste.

En cet instant, la baronne, qui se tenait dans l'embrasure d'une fenêtre, aperçut dans la vallée du Clain son fils, qui se dirigeait vers la porte du parc. Laissant le marquis à ses réflexions, elle s'échappa plus légère qu'un faon, arrêta Raoul à la grille, le ramena au castel de Vaubert, et trouva un prétexte plausible pour l'envoyer de là dîner et passer la soirée dans un château voisin.

Cependant Hélène et Bernard allaient à pas lents, la jeune fille suspendue au bras du jeune homme, lui timide et tremblant, elle redoublant de séduction et de grâce. Grâce naïve, séduction facile! Elle racontait avec une simplicité touchante l'histoire des deux dernières années que le vieux Stamply avait passées sur la terre. Elle disait comment ils en étaient venus à se connaître l'un l'autre et à s'aimer, leurs promenades, leurs excursions, leurs mutuelles confidences, et aussi quelle place avait tenue Bernard dans leurs entretiens. Bernard écoutait en silence et charmé, et, tout en écoutant, il sentait à son bras le corps souple et léger d'Hélène, il regardait ses deux pieds qui marchaient à l'unisson des siens, il respirait son haleine plus suave que les parfums d'automne, il entendait le frôlement de sa robe plus doux que le bruit du vent dans la feuillée. Déjà il subissait des influences amollissantes; pareille à ces tiges élancées le long desquelles la foudre s'échappe et s'écoule, Hélène lui dérobait le fluide orageux de sa haine et de sa colère. Vainement essayait-il encore de se raidir et de se débattre; semblable lui-même à ce chevalier dont on avait dévissé l'armure, il sentait tomber à chaque pas quelque débris de ses rancunes et de ses préventions. Tout en causant, ils avaient rabattu sur le château. Le jour baissait; le soleil à son déclin alongeait démesurément l'ombre des peupliers et des chênes. Arrivé au pied du perron, Bernard se disposait à prendre congé de mademoiselle de La Seiglière, quand celle-ci, sans quitter le bras du jeune homme, l'entraîna doucement dans le salon où madame de Vaubert avait déjà rejoint le marquis, tant elle appréhendait de l'abandonner à ses seules inspirations.

— Vous êtes ému, Monsieur, dit-elle

aussitôt en s'adressant à Bernard ; comment pourrait-il en être autrement? Ce parc fut, pour ainsi dire, le nid de vos belles années. Enfant, vous avez joué sur ces gazons; c'est sous ces ombrages que sont éclos vos premiers rêves de jeunesse et de gloire. Aussi votre excellent père en avait-il fait, sur les derniers temps, sa promenade de prédilection, comme si, au détour de chaque allée, il s'attendait à vous voir apparaître.

— Je le vois encore, dit le marquis, passer le long des boulingrins ; avec ses cheveux blancs, ses bas de laine bleue, son gilet de futaine et sa culotte de velours, on l'aurait pris pour un patriarche.

— C'était bien un patriarche en effet, ajouta madame de Vaubert avec onction.

— Ma foi! s'écria le marquis, patriarche ou non, c'était un brave homme.

— Si bon! si simple! si charmant! reprit madame de Vaubert.

— Et point sot! s'écria le marquis. Avec son air bonhomme, il avait une manière de tourner les choses qui surprenait les gens.

— Aussitôt qu'il paraissait, on s'empressait autour de lui, on faisait cercle pour l'entendre.

— C'était un philosophe. On se demandait, en l'écoutant, où il prenait les choses qu'il disait.

— Il les prenait dans sa belle âme, ajouta madame de Vaubert.

— Et quelle gaillarde humeur! s'écria le marquis, emporté, malgré lui, par le courant; toujours gai! toujours content! toujours le petit mot pour rire!

— Oui, dit madame de Vaubert, il avait retrouvé au milieu de nous son humeur souriante, sa gaîté naturelle et les vertes saillies d'un heureux caractère. Longtemps altérées par la rouille de l'isolement, toutes ses aimables qualités avaient repris, dans une douce intimité, leur éclat primitif et leur fraîcheur native. Il ne se lassait pas de répéter que nous l'avions rajeuni de trente ans. Dans son langage naïf et figuré, il se comparait à un vieux tronc ombragé de pousses nouvelles.

— Il est bien vrai que c'était une douce nature qu'on ne pouvait connaître sans l'aimer, dit à son tour Hélène, qui, supposant à son père et à la baronne les délicatesses de son cœur et de son esprit, s'expliquait ainsi leur empressement autour de Bernard.

—Ah! dame, reprit la baronne, il adorait son empereur. On n'eût pas été bien venu à le contrarier sur ce point. Quelle chaleur, quel enthousiasme, toutes les fois qu'il parlait du grand homme! Il en parlait souvent, et nous nous plaisions à l'écouter.

— Oui, oui, dit le marquis, il en parlait souvent ; on peut même affirmer qu'il en parlait très souvent. Que voulez-vous? ajouta-t-il, foudroyé par un regard de madame de Vaubert et se reprenant aussitôt; ça lui faisait plaisir, à ce bonhomme, et c'était tout profit pour nous. Vive Dieu! Monsieur, monsieur votre père peut se flatter là-haut de nous avoir procuré ici-bas de bien agréables moments.

La conversation en était là, sans que

Bernard eût pu placer un mot, lorsqu'un laquais vint annoncer que M. le marquis était servi. M. de La Seigliere offrit son bras à la baronne, Hélène prit le bras du jeune homme, et tous quatre passèrent dans la salle à manger. Cela s'était fait si promptement et si naturellement, que Bernard ne comprit ce dont il s'agissait qu'en se voyant, comme par enchantement, assis auprès d'Hélène, à la table du gentilhomme. Le marquis ne l'avait même pas invité, et Bernard eût été depuis six mois l'hôte et le commensal du logis, que les choses n'auraient pu se passer sans moins de façon ni de cérémonie. Il voulut se lever et s'enfuir; mais la jeune fille lui dit :

— Ce fut longtemps la place de votre père ; ce sera désormais la vôtre.

— Rien n'est changé ici, ajouta le marquis; il n'y a qu'un enfant de plus dans la maison.

— Touchant accord ! charmante réunion ! murmura madame de Vaubert.

Ne sachant s'il veillait où s'il était le jouet d'un songe, Bernard déploya brusquement sa serviette, et resta rivé sur sa chaise.

Dès le premier service, le marquis et la baronne entamèrent l'entretien sans avoir l'air de s'apercevoir de la présence d'un convive de plus, absolument comme si Bernard n'eût pas été là, ou plutôt comme si, de tout temps, il eût fait partie de la famille. Bernard était silencieux, ne buvait que du bout des lèvres et touchait à peine aux mets qu'on lui servait. On ne le sollicita point; on feignit même de ne pas remarquer son attitude sombre, pensive et réservée. Ainsi qu'il arrive au début de tous les repas, la conversation roula d'abord sur des objets indifférents : quelques mots échangés çà et là, point d'allusion à la situation présente, tout au plus, de temps à autre, un hommage indirect à la mémoire du bon **M. Stamply**. De banalités en vulgarités, on en vint naturellement à parler de la politique du jour. A certains mots qui échappèrent au marquis, Bernard commença de dresser les oreilles : quelques traits partirent de droite et de gauche; bref, la discussion s'engagea. Madame de Vaubert en saisit aussitôt les rênes, et jamais automédon conduisant un quadrige et faisant voler la poussière olympique ne déploya autant de dextérité qu'en cette occasion la baronne. Le terrain était difficile, creusé d'abîmes, hérissé d'aspérités, traversé d'échaliers et d'ornières; du premier bond, le marquis courait risque de s'y rompre le cou. Elle en sut faire une route aussi droite, unie et sablée que l'avenue d'un château royal; elle tourna tous les obstacles, contint la fougue étourdie du marquis, aiguillonna Bernard sans l'irriter, les lança l'un et l'autre tour à tour au trot, au galop, au pas relevé; puis, après les avoir fait manœuvrer, pirouetter, se cabrer et caracoler, de façon toutefois à laisser à Bernard les honneurs de la joûte, elle rassembla les guides, serra le double mors, et les ramena tous deux fraternellement au point d'où ils étaient partis. Insensiblement Bernard avait pris goût au jeu. Échauffé par cet exercice, entraîné malgré lui par la bonne humeur du marquis, il montra moins de raideur et plus d'abandon, et lorsqu'au dessert le gentilhomme dit en lui versant à boire :

— Monsieur, voici d'un petit vin que monsieur votre père ne méprisait pas; je prétends que nous vidions nos verres à sa mémoire et à votre heureux retour.

Machinalement Bernard leva son verre et toucha celui du marquis.

Le repas achevé, on se leva de table pour aller faire un tour de parc. La soirée était belle. Hélène et Bernard marchaient l'un près de l'autre, précédés du marquis et de la baronne qui causaient entre eux, et dont la voix se perdait dans le bruit de l'eau et dans le murmure du feuillage. L'un et l'autre étaient silencieux et comme absorbés par le bruissement des feuilles desséchées que leurs pieds soulevaient en marchant. Quand le marquis et sa compagne disparaissaient au tournant d'une allée, les deux jeunes gens pouvaient croire un instant qu'ils erraient seuls dans le parc désert, à la sombre clarté des étoiles. Plus pure et plus sereine que l'azur du ciel qui étincelait au-dessus de leurs têtes, mademoiselle de La Seiglière ne ressentait aucun émoi, et continuait d'aller d'un pas lent, rêveur et distrait, tandis que Bernard, plus pâle que la lune qui se montrait derrière les aulnes, plus tremblant que les brins d'herbe qu'agitait le vent de la nuit, s'enivrait, à son insu, du premier trouble de son cœur. De retour au salon, la conversation reprit son cours autour d'un de ces feux clairs qui égaient les soirées d'automne. Le sarment pétillait dans l'âtre, et les brises imprégnées de la senteur des bois lutinaient follement les rideaux de la fenêtre ouverte. Commodément assis dans un fauteuil moelleux, non loin d'Hélène, qui s'occupait à la lueur d'une lampe, d'un ouvrage de tapisserie, Bernard subissait, sans chercher à s'en rendre compte, le charme de cet intérieur de famille. De temps en temps, le marquis se levait, puis venait se rasseoir après avoir baisé sa fille au front. D'autres fois, c'était l'aimable enfant qui regardait son père avec amour. Bernard s'oubliait au tableau de ces chastes joies. Cependant on voulut savoir l'histoire de sa captivité; M. de la Seiglière et sa fille joignirent leurs instances à celles de la baronne. Il est doux de parler de soi et de raconter les maux qu'on a soufferts, surtout quand on a bien dîné, et qu'on suspend, pour ainsi dire, à ses lèvres quelque Didon ou quelque Desdémone palpitante, curieuse, le regard ému et le sein agité. Bernard donna d'autant plus aisément dans le piège, qu'Hélène y jouait, sans s'en douter, le rôle de l'alouette captive chargée d'attirer la gent emplumée dans les lacets de l'oiseleur. Il raconta d'abord l'affaire de la Moscowa. Il indiqua à grands traits le plan des lieux, les mouvements du terrain, la disposition respective des deux armées, puis il engagea la bataille. Il avait commencé sur un ton grave et simple; exalté par ses souvenirs, emporté par sa propre parole comme par des ailes de flamme, ses yeux s'animèrent peu à peu, et sa voix retentit bientôt comme un clairon. On respira l'odeur de la poudre, on entendit le sifflement des balles, on vit les bataillons s'ébranler et se ruer à travers la mitraille, jusqu'au moment où, frappé lui-même en tête de son escadron, il tomba sans vie sous les pieds des chevaux, sur le sol jonché de cadavres. Ainsi parlant, il était beau ; mademoiselle de la Seiglière avait laissé échapper son aiguille, et, le col tendu, sans haleine, elle écoutait et contemplait Bernard avec un sentiment de naïve admiration.

— C'est un poëte qui chante les exploits d'un héros ! s'écria madame de Vaubert avec enthousiasme.

— Monsieur, ajouta le marquis, vous pouvez vous flatter d'avoir vu la mort de près. Quelle bataille ! j'en rêverai la nuit. Il paraît que vous n'y allez pas de main morte; mais aussi, que diable votre empereur allait-il faire dans cette maudite Russie ?

— Il avait son idée, répliqua fièrement Bernard; cela ne nous regarde pas.

Ensuite, il dit de quelle façon il s'était réveillé prisonnier, et comment de prisonnier il était devenu esclave. Il raconta simplement, sans emphase et sans exagération, son séjour au fond de la Sibérie, six années de servitude au milieu de peuplades sauvages, plus cruelles encore et plus impitoyables que leur ciel et que leur climat; tout ce qu'il avait enduré, la faim, le froid, les durs travaux, les traitements barbares, il dit tout, et plus d'une fois, pendant ce funeste récit, une larme furtive glissa sous les paupières d'Hélène, brilla, comme une goutte de rosée, à ses cils abaissés, et roula en perle liquide sur l'ouvrage de tapisserie que la jeune fille avait repris sans doute pour cacher son émotion.

— Noble jeune homme! dit madame de Vaubert en portant son mouchoir à ses yeux, était-ce là le prix réservé à votre héroïque courage?

— Ventre-saint-gris! Monsieur, dit le marquis, vous devez être criblé de rhumatismes.

— Ainsi toute gloire s'expie! reprit la baronne avec mélancolie; ainsi, trop souvent, les branches de laurier se changent en palmes du martyre. Pauvre jeune ami, que vous avez souffert! ajouta-t-elle en lui pressant la main par un mouvement de vive sympathie.

— Monsieur, dit le marquis, je vous prédis que, sur vos vieux jours, vous serez mangé de gouttes.

— Après tant de traverses et de misères, qu'il doit être doux, s'écria madame de Vaubert, de se reposer au sein d'une famille empressée, entouré de visages amis, appuyé sur des cœurs fidèles! Heureux l'exilé qui, de retour sur le sol natal, ne trouve pas sa cour silencieuse, sa maison vide et son foyer froid et solitaire!

—Une goutte de Sibérie! s'écria le marquis en se frottant le mollet; en voici une qui, pour ne venir que du fond de l'Allemagne, a déjà bien son prix. Monsieur, je vous plains. Une goutte de Sibérie! vous n'en avez pas fini avec les Cosaques.

Les dernières paroles de madame de

Vaubert avaient rappelé brusquement le jeune homme aux exigences de sa position. Onze heures venaient de sonner à la pendule d'écaille incrustée de cuivre qui ornait le marbre de la cheminée. Honteux de ses faiblesses, Bernard se leva, et, cette fois enfin, il allait se retirer, ne sachant plus que résoudre, mais comprenant encore, au milieu de ses incertitudes, que ce n'était point là sa place, quand, le marquis ayant tiré un ruban de moire qui pendait le long de la glace, la porte du salon s'ouvrit, et un valet parut sur le seuil, armé d'un flambeau à deux branches chargées de bougies allumées.

— Germain, dit le marquis, conduisez monsieur dans ses appartements. Ce sont les appartements, ajouta-t-il en s'adressant à Bernard, qu'occupa longtemps monsieur votre père.

— C'est vraiment mal à nous, Monsieur, s'écria madame de Vaubert, d'avoir si longtemps prolongé votre veille. Nous aurions dû nous rappeler que vous avez besoin de repos ; mais nous étions si heureux de vous voir et si ravis de vous entendre ! Pardonnez une indiscrétion qui n'a d'autre excuse que le charme de vos récits.

— Dormez bien, Monsieur, dit le marquis ; dix heures de sommeil vous remettront de vos fatigues. Demain, au saut du lit, nous irons battre nos bruyères et tirer quelques lapereaux. Vous devez aimer la chasse : elle est l'image de la guerre.

— Monsieur, dit mademoiselle de La Seiglière encore toute tremblante, n'oubliez pas que vous êtes chez vous d'abord, puis chez des amis qui se feront une joie autant qu'un devoir de guérir votre cœur, et d'effacer en lui jusqu'au souvenir de tant de mauvais jours. Mon père essaiera de vous rendre l'affection de celui que vous avez perdu, et moi, si vous le voulez, je serai pour vous une sœur.

— Si vous aimez la chasse, s'écria le marquis, je vous en promets de royales.

— D'impériales même, dit la baronne en l'interrompant.

— Oui, reprit le marquis, d'impériales. Chasse à pied! chasse à courre! chasse au lévrier! chasse au chiens courants! Vive Dieu! si vous traitez les renards comme les Autrichiens, et les sangliers comme les Russes, je plains les hôtes de nos bois.

— J'espère bien, Monsieur, ajouta madame de Vaubert, avoir le plaisir de vous

recevoir souvent dans mon petit manoir.
Votre digne père, qui m'honorait de son
amitié, se plaisait à ma table et à mon
foyer. Venez parler de lui à cette même
place où tant de fois il a parlé de vous.

— Allons, Monsieur Bernard, bonsoir
et bonne nuit! dit le marquis en le saluant
de la main; que monsieur votre père vous
envoie de là-haut de doux rêves!

— Adieu! Monsieur Bernard, reprit la
baronne avec un affectueux sourire; endormez-vous dans la pensée que vous n'êtes plus seul au monde.

— A demain, Monsieur Bernard, dit à
son tour Hélène; c'est le mot que votre
excellent père et moi nous échangions le
soir en nous quittant.

Ébloui, étourdi, entraîné, fasciné, en-

lacé, pris par tous les bouts, Bernard fit
un geste qui voulait dire : à la grâce de
Dieu ! puis, après s'être incliné respectueusement devant mademoiselle de La Seiglière, il sortit, précédé de Germain qui
le conduisit dans l'appartement le plus
riche et le plus somptueux du château.
C'était en effet celui que le pauvre vieux
gueux avait quelque temps habité avant
qu'on l'eût relégué comme un lépreux
dans la partie la plus retirée et la plus isolée du logis ; seulement, on l'avait depuis
lors singulièrement embelli, et, ce jour
même, on s'était empressé de l'approprier
à la circonstance. Quand Bernard entra,
la flamme joyeuse du foyer faisait étinceler les moulures dorées du plafond et les
baguettes de cuivre qui bordaient et encadraient la tenture de velours vert-sombre.

Un tapis d'Aubusson jonchait le parquet de fleurs si fraîches et si brillantes, qu'on les eût dites cueillies nouvellement dans les prairies d'alentour et semées là par la main d'une fée bienveillante. Bernard, qui depuis dix ans n'avait dormi que sur des lits de camp, sur la neige, sur des peaux de loup, et dans des draps d'auberge, ne put se défendre d'un sentiment de joie indicible en apercevant, sous l'édredon amoncelé, la toile blanche et fine d'un lit qui s'élevait, comme le trône du sommeil, au fond d'une alcôve, réduit mystérieux formé de draperies pareilles à la tenture. Toutes les recherches du luxe, toutes les élégances, toutes les commodités de la vie, étaient réunies autour de lui et semblaient lui sourire. Une sollicitude ingénieuse avait tout prévu, tout calculé, tout deviné. L'hospitalité a des délicatesses qui échappent rarement à la pauvreté, mais qu'on ne trouve pas toujours chez les hôtes les plus magnifiques; rien ne manquait à celle-ci, ni l'esprit, ni la grâce, ni la coquetterie, plus rares que la munificence. Quand Germain se fut retiré après avoir tout préparé pour le coucher de son nouveau maître, Bernard éprouva un plaisir d'enfant à examiner et à toucher les mille petits objets de toilette dont il avait oublié l'usage. Nous n'oserions dire, par exemple, dans quels ravissements le plongèrent la vue des flacons d'eau de Portugal et la senteur des savons parfumés. Il faut avoir passé six ans chez les Tartares pour comprendre ces puérilités. De chaque côté de la glace, à demi-cachés par des touffes d'asters, de dahlias et de chrysanthèmes épanouis dans des vases pansus du Japon, reluisaient des poignards, des pistolets damasquinés, diamants et bijoux des guerriers. Sur un coin de la cheminée, une coupe d'un travail précieux regorgeait de pièces d'or, comme oubliées là par mégarde. Bernard ne s'arrêta ni devant l'or, ni devant les fleurs, ni même devant les armes. En rôdant autour de la chambre, il tomba en extase devant un plateau de vermeil, chargé de cigares que madame de Vaubert avait envoyé chercher à la ville, chez un vieil armateur de ses amis : attention hospitalière qui n'aurait aujourd'hui rien que de simple et de banal, mais qui pouvait passer alors pour un trait d'audace et de génie. Il en prit un, l'alluma à la flamme d'une bougie, puis, étendu mollement dans une bergère, enveloppé d'une robe de cachemire, les pieds dans des babouches turques, il pensa d'abord à son père, à l'étrangeté de sa destinée, à la tournure imprévue qu'avaient prise en ce jour les évènements, au parti qu'il lui restait à choisir. Brisé par la fatigue, le front brûlant, la paupière alourdie, bientôt ses idées se troublèrent et se confondirent. Dans cet état d'assoupissement, qu'on pourrait appeler le crépuscule de l'intelligence, il crut voir la fumée de son cigare s'animer et former au-dessus de sa tête des groupes fantastiques. C'étaient tantôt son vieux père et sa vieille mère qui montaient au ciel, assis sur un nuage ; tantôt son empereur, debout sur un rocher, les bras croisés sur sa poitrine ; tantôt la baronne et le marquis se tenant par la main et dansant une sarabande ;

tantôt et plus souvent, une figure svelte et gracieuse qui se penchait vers lui et le regardait en souriant. Son cigare achevé, il se jeta au lit, se roula dans la plume, et s'endormit d'un profond sommeil.

Soit lassitude, soit besoin de recueillement, mademoiselle de La Seiglière avait quitté le salon presque en même temps que Bernard. Demeurés seuls au coin du feu, la baronne et le marquis se regardèrent un instant l'un l'autre en silence.

— Eh bien! marquis, dit enfin la baronne; il est gentil, le petit Bernard! Le père sentait l'étable et le fils sent le corps-de-garde.

— Le malheureux! s'écria le marquis arrivé au dernier paroxisme de l'exaspération; j'ai cru qu'il n'en finirait pas avec sa bataille de la Moscowa. La bataille de la Moscowa ! ne voilà-t-il pas une belle affaire ? Qu'est-ce que c'est que ça ? qui connaît ça ? qui parle de ça ? Je n'ai jamais fait la guerre ; mais si je la faisais jamais… par l'épée de mes aïeux ! madame la baronne, ce serait une autre paire de manches. Tout le monde y passerait ; je ne voudrais même pas qu'il en revînt un invalide. La bataille de la Moscowa ! Et ce faquin qui se donne des airs d'un César et d'un Alexandre ! Les voilà pourtant, ces héros ! voilà ces fameuses rencontres dont M. de Buonaparte a fait si grand bruit, et que les ennemis de la monarchie font encore sonner si haut ! Il se trouve qu'en résumé c'étaient de petits exercices hygiéniques et sanitaires ; les morts se ramassaient eux-mêmes, et les tués ne s'en portent que mieux. Vive Dieu ! quand nous

nous en mêlons, nous autres, les choses se passent autrement ; quand un gentilhomme tombe, c'est pour ne plus se relever. Mais ne fût-on qu'un manant, ne fut-on qu'un vilain, ne fût-on qu'un Stamply, lorsqu'on s'est fait tuer pour le service de la France, que diable ! c'est le moins qu'on ne vienne pas soi-même le raconter aux gens. S'il avait seulement pour deux sous de cœur, ce garnement rougirait de se sentir en vie, et il s'irait jeter, tête baissée, dans la rivière.

— Que voulez-vous, marquis, ça ne sait pas vivre, dit madame de Vaubert en souriant.

— Qu'il vive donc, mais qu'il se cache ! Cache ta vie, a dit le Sage. S'il aimait la gloire, comme il le prétend, n'aurait-il pas préféré continuer de passer pour mort au champ d'honneur, plutôt que de venir ici traîner ses guêtres, sa honte et sa misère ? Que ne restait-il en Sibérie ? Il était bien là-bas ; il y avait ses habitudes. Ce douillet se plaint du climat : ne dirait-on pas qu'il est né dans la ouate et qu'il a grandi en serre-chaude ? Les Cosaques sont de braves gens, de mœurs douces et hospitalières. Il les appelle des barbares. Obligez donc ces va-nu-pieds ! sauvez-leur la vie ! recueillez-les chez vous ! faites-leur un sort agréable ! Voilà la reconnaissance que vous en retirez : ils vous traitent de cannibales. Je jurerais, quoi qu'il en dise, qu'il était là comme un coq-en-pâte ; mais ces vauriens ne savent se tenir nulle part. Et puis ça vient vous parler de patrie, de liberté, de sol natal, de toit paternel qui fume à l'horizon ! grands mots qu'ils mettent en avant pour justifier leurs désordres et pour voiler leur inconduite.

— La patrie, la liberté, le toit paternel, le tout assaisonné d'un million d'héritage ; il faut pourtant convenir, ajouta madame de Vaubert, que, sans être précisément un sacripant, on peut quitter pour moins les bords fleuris du Don et l'intimité des Baskires.

— Un héritage d'un million ! s'écria le marquis : où diable voulez-vous qu'il le prenne ?

— Dans votre poche, répliqua la baronne découragée d'avoir toujours à courir après lui pour le ramener forcément dans le cercle de la question.

— Ah çà ! s'écria M. de La Seiglière,

mais c'est donc un homme dangereux, ce Bernard! S'il me pousse à bout, madame la baronne, on ne sait pas de quoi je suis capable : je le traînerai devant les tribunaux.

— Bien! dit la baronne, vous lui éviterez ainsi l'ennui de vous y traîner lui-même. De grâce, marquis, ne recommençons pas. La réalité vous enveloppe et vous presse de toutes parts. Puisque vous ne pouvez pas lui échapper, osez la regarder en face. Qu'a-t-elle donc à cette heure qui puisse tant vous effrayer? Le Bernard est en cage ; le lion est muselé ; vous tenez votre proie.

— Elle est jolie, ma proie... Pour Dieu! dites-moi, je vous prie, ce que vous voulez que j'en fasse?

— Le temps vous l'apprendra. Ce matin, il s'agissait d'installer l'ennemi dans la place : c'est fait. Il s'agit maintenant de l'en expulser : ça se fera.

— En attendant, dit le marquis, nous allons en manger, de la Sibérie, de la mitraille et de la Moscowa! Nous allons en avaler, des lames de sabre fricassées dans la neige et des biscayens accommodés aux frimats! Et puis, Madame la baronne, ne vous paraît-il pas que je joue ici un vilain rôle et un rôle de vilain? Ventre-saint-gris! je jure comme Henri IV, mais il me semble que je vais m'y prendre autrement que le Béarnais pour reconquérir mon royaume.

— Croyez-vous donc, répliqua madame de Vaubert, que le courage ne procède qu'à coups d'arquebuse, et que les grandes actions ne s'accomplissent qu'à la pointe du glaive ? Si la France n'a pas été divisée en ces derniers temps, partagée et tirée au sort comme les vêtements du Christ, à qui le doit-elle ? En habit brodé, en escarpins et en bas de soie, la jambe droite appuyée sur la gauche et la main passée dans le jabot de sa chemise, M. de Talleyrand a plus fait pour la France que toute cette racaille en culotte de peau qui s'appelait la vieille garde, et qui n'a su rien garder. Pensez-vous, par exemple, n'avoir pas déployé, en ce jour qui s'achève, cent fois plus de génie que n'en montra le Béarnais à la bataille d'Ivry ? Secouer son panache blanc en guise de drapeau, frapper d'estoc et de taille, joncher le sol de morts et de mourants, ne voilà-t-il pas quelque chose de bien difficile! Ce qui est vraiment glorieux, c'est de triompher sur ce champ de bataille qui s'appelle la vie. Souffrez qu'à ce propos je vous adresse mes compliments. Vous avez eu le sang-froid d'un héros, l'esprit d'un démon et la grâce d'un ange. Tenez, Marquis, passez-moi le mot, vous avez été adorable.

— Il est certain, dit le marquis en passant sa jambe droite sur la gauche et en jouant du bout des doigts avec son jabot de dentelle, il est certain que ce malheureux n'y a vu que du feu.

— Ah! Marquis, comme vous l'avez assoupli! D'un gantelet de fer vous avez fait un gant de peau de Suède. Je vous savais brave et vaillant; mais je dois avouer que j'étais loin de vous soupçonner dans l'esprit une si merveilleuse souplesse. Il est beau d'être le chêne et de savoir plier comme le roseau. Marquis de La Seiglière, le prince de Bénévent a pris votre place au congrès de Vienne.

— Vous croyez, baronne? demanda M. de La Seiglière en se caressant le menton.

— D'un coup de pouce, vous auriez courbé l'arc de Nemrod, dit en souriant madame de Vaubert. Vous apprivoiseriez des tigres et vous amèneriez des panthères à venir vous manger dans la main.

— Que voulez-vous? c'est l'histoire de toutes ces petites gens. De loin, ça ne parle que de nous dévorer; que nous daignions leur sourire, ça tombe et ça rampe à nos pieds. C'est égal, madame la baronne, je ne suis point encore d'âge à jouer le rôle de don Diègue, et si ce drôle était gentilhomme, je me souviendrais encore des leçons de Saint-George.

— Marquis, répliqua fièrement madame de Vaubert, si ce drôle était gentilhomme, et que vous fussiez don Diègue, vous n'auriez pas loin à aller pour rencontrer Rodrigue.

En ce moment, la porte du salon s'ouvrit, et Raoul entra, ganté, frisé, tiré à quatre épingles, la paupière clignotante, la bouche épanouie, le visage frais et rosé, aussi irréprochable des pieds à la tête que s'il sortait d'une bonbonnière. Il venait chercher sa mère pour la ramener à Vaubert, et sans doute aussi dans l'espoir de faire sa cour à mademoiselle de La Seiglière, qu'il n'avait pas vue depuis la veille. A l'apparition de ce beau jeune homme, le marquis et la baronne arrêtèrent sur lui avec complaisance leurs regards rafraîchis et charmés : ce fut pour eux comme l'entrée d'un pur sang limousin dans un hippodrome encore tout souillé par l'intrusion d'un mulet normand. Il était tard ; la journée touchait à sa fin ; les deux aiguilles de la pendule étaient près de se joindre sur l'émail de la douzième heure. Après avoir tendu sa main au marquis, madame de Vaubert se retira, appuyée sur le bras de son fils, qu'elle se réserva d'instruire en temps et lieu des évènements à jamais mémorables qui venaient de remplir ce grand jour.

Une heure après, tout reposait sur les deux bords du Clain. M. de La Seiglière, qui s'était endormi sur le coup des émotions violentes qu'il venait d'essuyer, rêvait qu'une innombrable quantité de hussards, tous tués à la bataille de la Moscowa, se partageaient silencieusement ses domaines, et qu'il les voyait s'enfuir au galop, emportant chacun son lot sur la croupe de son cheval, qui un champ, qui un pré, qui une ferme ; Bernard galoppait en avant avec le parc dans sa valise et le château dans un de ses arçons. N'ayant plus sous les pieds un seul morceau de terre, le marquis éperdu se sentait rouler dans l'espace, comme une comète, et cherchait vainement à se raccrocher aux étoiles. Madame de Vaubert rêvait de son côté, et son rêve ressemblait fort à un apologue bien connu. Elle voyait une jeune et belle créature, assise sur une fine pelouse, avec un lion énorme amoureusement couché auprès d'elle, une patte sur ses genoux, tandis qu'une troupe de valets, armés de fourches et de bâtons, observait ce qui se passait, cachée derrière un massif de chênes. La jeune fille soutenait d'une main la patte au fauve pelage, et de l'autre, avec une paire de ciseaux, elle rognait les griffes, qui s'alongeaient docilement sous le velours. Quand chaque patte avait subi la même opération, la belle enfant tirait de sa poche une lime au manche d'ivoire, et, prenant entre ses bras la tête à la blonde crinière, elle relevait d'une main délicate les épaisses et lourdes babines, de l'autre elle limait gentiment une double rangée de dents formidables. Si parfois le patient poussait un rugissement sourd, elle l'apaisait aussitôt en le flattant du geste et de la voix. Cette seconde opération achevée, quand le lion n'avait plus ni crocs ni ongles, la jeune fille se levait, et les valets, sortant de leur cachette, couraient à la bête, qui détalait sans résister, la queue serrée et l'oreille basse. Bernard rêvait lui, qu'au milieu d'un champ de neige, sous un ciel de glace bleuâtre, il voyait tout d'un coup surgir un beau lis qui parfumait l'air; mais, comme il s'approchait pour le cueillir, la royale fleur se changeait en une fée aux yeux d'ébène et aux cheveux d'or, qui l'enlevait à travers les nuages et le déposait sur des rives charmantes où régnait un printemps éternel. Enfin, Raoul rêvait qu'il était au soir de ses noces, et, au moment d'ouvrir le bal avec la jeune baronne de Vaubert, il découvrait avec stupeur qu'il avait mis sa cravate à l'envers.

FIN DU PREMIER VOLUME.

LIBRAIRIE DE MICHEL LÉVY FRÈRES, RUE VIVIENNE

En vente :
Alexandre Dumas.

Le Comte de Monte-Cristo (2e édition)...........	12 vol. in-8.	60 »
Les Trois Mousquetaires (id.)	8 vol. in-8.	40 »
Vingt ans après, suite des Trois Mousquetaires (2e édit.)	8 vol. in-8.	40 »
La Reine Margot (2e édition).............	6 vol. in-8.	30 »

L'auteur de Jérôme Pâturot (Louis Reybaud.)

Édouard Mongeron.............	5 vol. in-8.	37 50
Le Coq du Clocher.............	2 vol. in-8.	15 »
César Falempin.............	2 vol. in-8.	15 »
Pierre Mouton.............	2 vol. in-8.	15 »
Le dernier des Commis-Voyageurs........	2 vol. in-8.	15 »

Jules Sandeau.

Madeleine.............	1 vol. in-8.	7 50
Mademoiselle de la Seiglière..........	2 vol. in-8.	15 »

Prosper Mérimée.

Carmen.............	1 vol. in-8.	7 50

Madame Charles Reybaud.

Les Deux Marguerite...........	2 vol. in-8.	15 »
Géraldine.............	2 vol. in-8.	15 »
Sans Dot.............	2 vol. in-8.	15
Le Cadet de Colobrières..........	2 vol. in-8.	15 »

Jules Janin.

Le Chemin de Traverse..........	1 vol. in-8.	3 50

Arsène Houssaye.

Madame de Favières..........	2 vol. in-8.	15 »

Charles Didier.

Rome Souterraine.............	2 vol. in-8.	15 »
Romans du Maroc.............	4 vol. in-8.	30 »

Édouard Corbière.

Pelaïo.............	2 vol. in-8.	15 »

Sous Presse :

Alexandre Dumas.
LE VICOMTE DE BRAGELONNE
OU DIX ANS PLUS TARD,
Suite des *Trois Mousquetaires* et de *Vingt Ans après*

Jules Sandeau.
UN HÉRITAGE.

L'auteur de Jérôme Pâturot.
MARIE BRONTIN.

Madame Charles Reybaud.
FÉLISE.

Impr. de E. Depée, à Sceaux (Seine).

www.ingramcontent.com/pod-product-compliance
Lightning Source LLC
Chambersburg PA
CBHW071522160426
43196CB00010B/1619